Dr. Dieter Semmler

Wohnmobil-Stellplätze
Benelux

Luxemburger und Belgische Ardennen
Brüssel und Umgebung - Flandern
Belgisch Brabant und Limburg
Niederländisch Limburg und Brabant
Holland - Flevoland und Gelderland
Overijssel und Drenthe - Friesland

12 Wochenreisen mit dem Wohnmobil

Alle Plätze selbst ausgesucht, angefahren und beurteilt

70 % aller Plätze zum Nulltarif
Stellplätze am Meer, See und Schwimmbad
Stellplätze in den Städten und Häfen

ridverlag
Wohnmobil-Stellplätze

Titelbild: Kirche in Oostende und Mühle in Holland

1. Auflage 2007
Herausgeber: RID-Verlag, Mühlköppelstraße 18, 63674 Altenstadt
Druck: Druckzentrum Lang, Mainz
Texte: Barbara und Dieter Semmler
Fotos: Barbara und Dieter Semmler
Skizzen: Dieter Semmler

ISBN 978-3-932538-22-3

Inhaltsverzeichnis

Wanderweg im Hohen Venn

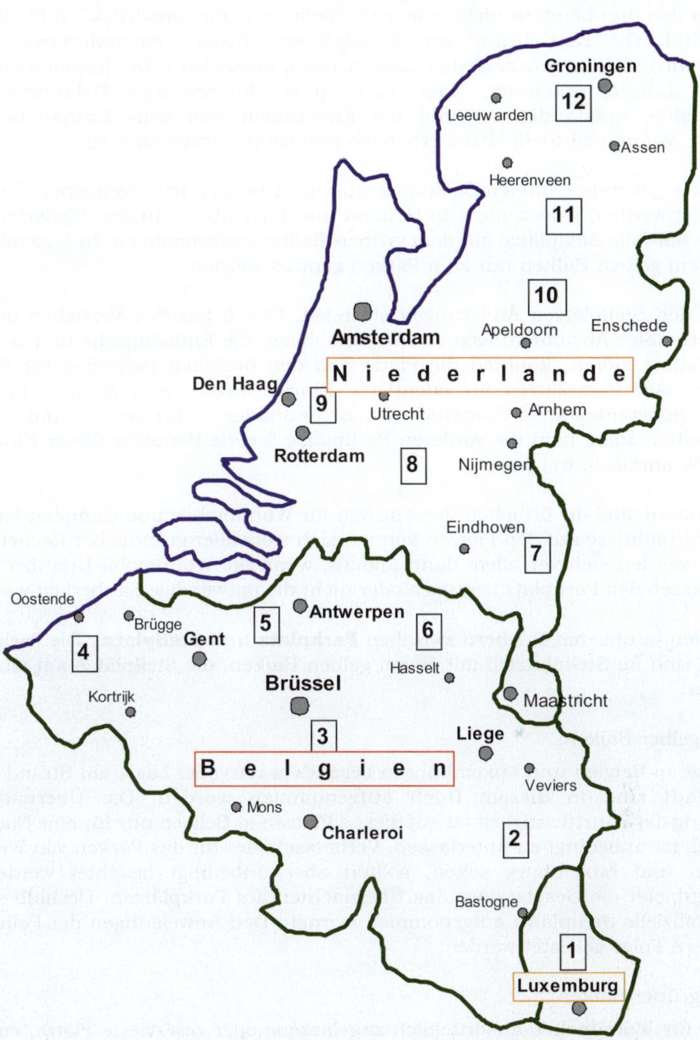

Touren in Belgien, Holland und Luxemburg

Mobilplätze in Belgien, Holland und Luxemburg

Leider gibt es in den drei Ländern nicht sehr viele Stellplätze, die ausdrücklich für Wohnmobile ausgewiesen sind. Die Einrichtung von Mobilplätzen durch Gemeindeverwaltungen und Privatpersonen wird sich in den nächsten Jahren rasch entwickeln. Die Kommunen werden in den nächsten Jahren erkennen, dass eine neue, finanzstarke Urlaubergruppe, die Wohnmobiltouristen, entstanden ist und die Einnahmen aus dem Tourismus durch die Einrichtung von Wohnmobil-Stellplätzen erheblich gesteigert werden können.

Die als Parkplätze gekennzeichneten Stellplätze dürfen in Belgien im allgemeinen für eine Übernachtung genutzt werden, jedoch nicht in Holland und Luxemburg. In den Niederlanden haben wir deshalb nur offizielle Stellplätze mit dem grünen Balken aufgenommen. In Luxemburg dürfen die Plätze mit dem gelben Balken nur zum Parken genutzt werden.

Es können auf den Stellplätzen Änderungen eintreten. Durch falsches Verhalten der Urlauber oder durch übermäßige Ansammlungen von Wohnmobilen, die Einheimische und Bewohner der umliegenden Häuser stören, könnten die Plätze von den örtlichen Behörden für Wohnmobile gesperrt werden. Auf Parkplätzen für öffentliche Einrichtungen, zum Beispiel für Frei- und Hallenbäder, Sportanlagen, Bootshäfen, Strandbäder, Freizeit- und Tierparks, Sehenswürdigkeiten, sollte man die vorderen Parkplätze für die Benutzer dieser Einrichtungen, die mit dem PKW anreisen, frei lassen.

In allen drei Ländern sind die örtlichen Vorschriften für Wohnmobile und Camping-Fahrzeuge zu beachten. Die Verhältnisse auf den Plätzen können sich trotz aller gründlicher Recherchen geändert haben. Sie werden sich vor allem dann ändern, wenn die Wohnmobil-Urlauber sich falsch verhalten, in Massen den Parkplatz benutzen oder nicht die notwendige Sauberkeit walten lassen.

Wir unterscheiden in unseren Büchern zwischen **Parkplatz** und **Stellplatz**. Die Parkplätze sind in den Tabellen und im Stellplatzteil mit einem gelben Balken, die Stellplätze mit einem grünen Balken versehen.

1. Parkplätze (gelber Balken):

Einige Parkplätze in Belgien und Luxemburg in besonders reizvoller Lage, am Strand oder in der Nähe einer Stadt sind in diesem Buch aufgenommen worden. Die Übernachtung zur Wiederherstellung der Fahrtüchtigkeit ist auf diesen Plätzen in Belgien nur für eine Nacht erlaubt. Camping-Betrieb ist unbedingt zu unterlassen. Verbotsschilder für das Parken von Wohnmobilen sind in Belgien und Luxemburg selten, sollten aber unbedingt beachtet werden. In den Niederlanden verbietet die Gesetzeslage das Übernachten auf Parkplätzen. Deshalb sind in diesem Land nur offizielle Stellplätze aufgenommen worden. Den Anweisungen der Polizei muss in allen drei Ländern Folge geleistet werden.

2. Stellplätze (grüner Balken):

Stellplätze sind für Wohnmobile ausdrücklich zugelassene oder reservierte Plätze, entweder auf einem Teilbereich oder auf dem gesamten Platz. Die Kennzeichnung des Platzes mit dem Wohnmobil-Symbol ist nicht immer am Stellplatz vorhanden und fehlt oft auf der Anfahrroute. Ver- und Entsorgungseinrichtungen und Stromanschlüsse sind selten vorhanden.

Wir sind der Meinung, dass die **Lage des Mobilplatzes** das wichtigste Kriterium für den Wohnmobilurlauber ist. Er möchte ruhig schlafen und in einer reizvollen Umgebung bleiben. Der Platz sollte durch Grünanlagen gegliedert sein und ausreichend Park- und Rangierraum bieten. Eine Anbindung an das öffentliche Verkehrsnetz oder ein kurzer Fußweg zur Ortsmitte sind wünschenswert. Deshalb bewerten wir nur die Lage des Stellplatzes mit Sternen und nicht die Ausstattung. Die **Bewertung der Ausstattung mit Sternen ist völlig unnötig**, weil der Stellplatzbetreiber nach diesen Sternen greift und deshalb seinen Platz mit vielen Einrichtungen ausstattet, die selten genutzt werden, aber erhöhte Gebühren des Platzes zur Folge haben.

Die Lage der Plätze ist mit einem, zwei, drei oder vier Sternen bewertet. Die Beurteilung mit **drei Sternen** bedeutet immer eine sehr ruhige und schöne Lage, ausreichend Parkraum, eine gute Zufahrt und Gaststätten und Häuser in der näheren Umgebung. Bei **zwei Sternen** fehlt eines dieser Merkmale, eine ruhige Lage ist aber gewährleistet. Ist der Platz mit nur **einem Stern** eingestuft, so führt meistens eine Straße am Parkplatz vorbei. Solche Plätze sind für eine Übernachtung nur zu empfehlen, wenn sich die Insassen des Wohnmobils durch den Verkehr nicht stören lassen. **Vier Sterne** erhält ein **Stellplatz**, wenn er in einer sehr ruhigen und reizvollen Umgebung liegt, eine gute Ausstattung in einer Grünanlage hat, ausreichend Park- und Wenderaum zur Verfügung steht und ein erholsamer Aufenthalt gewährleistet ist. Diese Stellplätze nennen wir **Superplätze.**

In diesem Buch haben vier Superplätze vier Sterne erhalten. Die Ausstattung der Plätze kann aber sehr unterschiedlich sein.

Ort	Stellplatz	Ferienlandschaft	Seite
B-Alken	De Alk	Belgisch Limburg	92
NL-Burgum	Jachthafen	Friesland	146
NL-Musselkanaal	Spoordok	Groningen	150
NL-Neer	Jachthafen	Niederländisch Limburg	105

In den Tourenbeschreibungen, in den Tabellen und im Stellplatzverzeichnis (Seite 152) sind die Mobilstellplätze durch Fettdruck gekennzeichnet. Im Stellplatzteil des Buches sind die Wohnmobilstellplätze nicht nur durch den grünen Balken, sondern auch durch das Wohnmobil-Symbol deutlich hervorgehoben.

Oft haben Fahrer großer Wohnmobile Schwierigkeiten, Wohnmobilplätze mit schmalen Zufahrten anzufahren, durch eine enge Einfahrt zu gelangen, auf den Plätzen zu rangieren und zu wenden oder auf einer zu kleinen Stellfläche einzuparken. Wir haben in der Beschreibung der Plätze auf solche Schwierigkeiten durch die Vermerke "Für große Wohnmobile nicht geeignet" (ab 8 Metern Länge) und "Für sehr große Wohnmobile nicht geeignet" (ab 10 Metern Länge) hingewiesen. Auch Höhen-, Breiten- und Gewichtsbegrenzungen, sowie schmale Zufahrten sind in den Beschreibungen der Stellplätze zu finden.

Wohnmobilplätze an einem See oder an einem Schwimmbad sind in der **Badliste** (Seite 18) zu finden. Wohnmobilplätze in den Gemeinden und Städten sind in der **Städteliste** (Seite 16) zusammengefasst. Die Gemeindenverwaltungen verlangen nicht immer eine Gebühr. Kostenfreie Stellplätze finden Sie in der **Null-Liste** (Seite 13). **70 % aller in diesem Band aufgeführten Plätze sind kostenfrei.** Plätze in Jachthäfen findet man in der **Hafenliste** (Seite 20).

Wasser ist an den Tankstellen, in Häfen für Sportboote und an öffentlichen Einrichtungen zu bekommen. In den Häfen sind oft auch Stromanschlüsse vorhanden. Müllbehälter sind an fast allen Plätzen vorhanden. Bei Schwierigkeiten mit der Ver- und Entsorgung empfehlen wir, einen entsprechenden Platz in Deutschland aufzusuchen oder einen Campingplatz anzufahren und dort auch zu übernachten.

Alle Stellplätze sind im Verlaufe der Routen durchgehend nummeriert und mit Beschreibung, Anfahrt und Hinweisen versehen. Auf der Kopfleiste ist der Ort und die Bezeichnung des Platzes angegeben, *z. B. Aalter-Bellem (Ostflandern), Kanal *** OF-2*. Am oberen linken Rand der Seite ist sowohl im Text, bei der Skizze, der Tabelle wie auch bei den Stellplätzen die Ferienlandschaft immer in dem roten Balken zu erkennen.

Den einzelnen Reiserouten ist eine Skizze vorangestellt, aus der die Lage und Nummer der Stellplätze zu erkennen ist. Der Pfeil zeigt auf den Ort des Stellplatzes, nicht immer auf die Gemeinde. Die Skizze ist nach der Route benannt.

Die Anfahrt zu den Stellplätzen wurde, wie in allen unseren Wohnmobil-Stellplatz-Führern, genau beschrieben, um jedem die Anfahrt zu den Plätzen zu ermöglichen. Für die Besitzer eines Navigationsgeräts sind die notwendigen Daten (Bezeichnungen, Straßennamen und/oder GPS-Koordinaten) der Stellplätze angegeben. Für einige Plätze außerhalb der Ortschaften, z. B. am Strand, gibt es keine Straßennamen. Diese Plätze können mit einem Navigationsgerät nur nach den Koordinaten erreicht werden. Die Koordinaten sind in Grad und Minuten angegeben (60 Minuten entsprechen 1 Grad). Navigationsgeräte, die nur Zehntel-Grade statt Minuten oder Sekunden statt Zehntel-Minuten angeben, verlangen eine entsprechende Umrechnung. Die Koordinaten müssen bei vielen Navigationsgeräten über den PC eingegeben und auf das Gerät überspielt werden. Unsere genaue Anfahrtbeschreibung führt Sie jedoch auch ohne Navigation sicher zu allen Stellplätzen.

Ein Maßstab für die Größe des Platzes ist die Zahl der angegebenen Stellmöglichkeiten. Bei diesen Angaben wird aber eine Belegung der Hälfte der Parkflächen durch Pkw angenommen, was wohl selten zutrifft. Es muss berücksichtigt werden, dass Stellplätze an Sportstätten zur Zeit einer Veranstaltung und Stellplätze an Schwimmbädern und Seilbahnen in der Saison am Tage durch Pkw belegt sein können. In der Saison und an Wochenenden sollten solche Stellplätze abends angefahren werden. Die Stellplatzmöglichkeiten sind für 3, 5, 10, 20, 30 50 und 100 Wohnmobile gestaffelt. Sehr große Wohnmobile sollten die Stellplätze für 3 und 5 Wohnmobile und die Plätze mit schmalen Zufahrten nicht anfahren, weil möglicherweise der Platz belegt ist und Wendemanöver nur unter Schwierigkeiten ausgeführt werden können.

Für jede Route sind in einer Tabelle die Stellplätze zusammengestellt, aus denen der geeignete Platz auswählt werden kann. Die Tabelle gibt Auskunft über die Lage und Größe des Platzes, über die Gebühren zur Zeit der Drucklegung und über die nähere Umgebung, zum Beispiel über Häuser, Gaststätten, Toiletten, Strände oder Seen. Ausführliche Informationen sind in den einzelnen Stellplatzbeschreibungen zu finden. Wer in die Länder Belgien, Niederlande oder Luxemburg fahren will, kann die Stellplätze auf seiner Reise schon bei der Planung festlegen.

Unsere Bücher werden im allgemeinen alle drei Jahre überarbeitet und neu aufgelegt. In der Zwischenzeit muss immer mit Änderungen gerechnet werden. Manchmal werden Mobilplätze verlegt. Die Gebühren werden fast immer jährlich erhöht. Die Ausstattung des Platze wird meistens verbessert. Deshalb sind unsere Angaben nur Anhaltswerte. Bitte beachten Sie, dass neue Stellplätze erst in der Neuauflage berücksichtigt werden können.

Wir mit unserem rollenden Ferienhaus haben das große Glück, an den schönsten Orten Europas zu Hause zu sein. Wo immer unsere Reise hingeht, wir verbringen unsere Tage im eigenen Haus, mal am Meer, mal in den Bergen, mal in einer Stadt, ganz nach Lust und Laune. Wir sind zu beneiden. Ein Traum ist wahr geworden. Wohnmobil-Urlaub, das ist die schönste Sache der Welt.

"Darum, Mensch, sei zeitig weise! Höchste Zeit ist's! Reise, reise!" Das sagte uns schon Wilhelm Busch. Wir wünschen Ihnen erlebnisreiche Tage, ruhige Nächte und einen erholsamen Urlaub in Belgien, in den Niederlanden oder in Luxemburg, aber auch in den anderen von uns beschriebenen Ländern, in Deutschland, Österreich, Italien, Frankreich, Griechenland oder Spanien.

Belgien, Holland und Luxemburg in Kurzfassung

1. Belgien

Die Metropole Brüssel ist die "Hauptstadt" der Europäischen Union. Die Zentren der Städte bewahren mittelalterliches Flair, prachtvolle gotische Rathäuser, beeindruckende Häuser der Zünfte, hohe Belfriede, gotische und barocke Kathedralen und idyllische Beginenhöfe. Die Museen zeigen großartige Kunstschätze belgischer Meister und das kulturelle Erbe des Landes. Die Pommes wurden in Belgien erfunden und zu verschiedenen Sorten weiter entwickelt. Die süße Verführung, Pralinen, wird in allen Variationen überall hergestellt und frisch verkauft. 500 verschiedene Biersorten in allen Geschmacksrichtungen stehen zur Wahl.

Feiern, Stadtfeste und Karneval, die Belgier genießen die fröhlichen Seiten ihres Lebens. Ob Karnevalssitzungen und -umzüge, Grachtenfeiern, Blumenfeste, Bier- oder Geneverfeste, in allen Städten werden Ereignisse und Erinnerungen gefeiert. Bunt und schillernd sind die Kostüme der Menschen, die immer ein bestimmtes Ereignis in ihrem Leben oder aus ihrer wechselvollen Geschichte illustrieren und dokumentieren.

Das Land ist zweisprachig, französisch oder flämisch wird in der Provinzen gesprochen. Außerdem ist das Gebiet Eupen-Malmedy deutschsprachig. Belgien ist mit 10,36 Millionen Bewohnern dicht besiedelt. 337 Einwohner leben auf einen Quadratkilometer (Deutschland 231/km^2). Die größten Städte sind Brüssel (1 Million Einwohner), Antwerpen (453.000), Gent (228.000), Chaleroi (201.000) und Lüttich (184.000). Die Staatsform ist eine parlamentarische, konstitutionelle Monarchie. König Albert II. repräsentiert den Staat. Die Farben des Landes sind quergestreift schwarz-gelb-rot. Belgien ist ein erzkatholisches Land. 8,50 Millionen Menschen sind Katholiken. Davon zeugen die prächtigen Gotteshäuser im Lande. An das Selbstbewußtsein und den Reichtum der Bürger erinnern die großartigen Rathäuser, Türme, Paläste und Hallen in den Städten.

Belgien grenzt im Norden an die Niederlande, im Osten an Deutschland und im Süden an Frankreich. Im Westen bildet die Nordsee die Küste. Die Landschaft gliedert sich in die dichten Wälder der Ardennen mit tief eingeschnittenen Flusstälern und dem Hochmoor Hohes Venn, in die fruchtbare Weite des Flachlandes und in die breiten Sand- und Dünenstrände der Nordsee. Die längsten Flüsse sind die Schelde und die Maas, der höchste Berg ist der Signal de Botrange im Hohen Venn (694 m).

2. Niederlande

Die Markenzeichen der Niederlande sind Polder, Kanäle, Windmühlen, Käse, Hering und Tulpen. Die Polder beweisen, dass man aus Wasser neues Land machen kann. Die Zuidersee wurde 1932 mit einem 30 Kilometer langen und 90 Meter breiten Damm abgeschlossen. Die Meeresbucht wurde zu einem Süßwassersee, dem Ijsselmeer. Das flache Land wird von einer Vielzahl von Kanälen zur Trockenlegung durchzogen.

Zehntausende Windmühlen trieben einst Schöpfräder an, die das Wasser aus den eingedeichten, sumpfigen Landstrichen, den Poldern, beförderten. Die 1000 übriggebliebenen Windmühlen sind heute ein begehrtes Fotomotiv. Bei Kinderdijk südöstlich von Rotterdam ist die größte Ansammlung von Windmühlen zu bewundern. Turbinen und Pumpanlagen haben heute ihre Aufgaben übernommen. Mancher Ort befindet sich auf dem Meeresboden, dort, wo einst Wasser war. Große Gebiete des Landes wurden entwässert und liegen heute unterhalb des Meeresspiegels.

Schon seit einigen hundert Jahren bevorzugen die Europäer holländischen Käse, angeboten auf bekannten Käsemärkten, wie Gouda oder Alkmaar. 50 % der Käseproduktion wir exportiert. Edamer aus Süßmilch, Kümmelkäse aus Magermilch und Gouda in mehreren Reifestufen sind in Holland entstanden. Auf den Käsebauernhöfen werden überall im Lande Sorten aus der eigenen Herstellung angeboten und Einblicke in die Käseherstellung gewährt.

Im Land der Deichbauer sind Hollandse nieuwe, junge Heringe, die noch nicht gelaicht haben, im Juni eine besondere Delikatesse. Dann bilden sich lange Schlangen vor den haringkarren, den fahrbaren Heringständen. Der kleine, zarte Hering wird im Ganzen verspeist und mit einem Glas Genever heruntergespült.

In dem berühmten Keukenhof sind alle Sorten der Tulpen, Narzissen, Krokusse und Margariten zu entdecken. Die Tulpen aus Amsterdam stammen ursprünglich aus Zentralasien. Ende des 16. Jahrhunderts wurde diese Blumenzwiebel erstmals im botanischen Garten von Leiden geflanzt. Heute produzieren die Niederlande jährlich 4 Milliarden Tulpenzwiebeln.

Die parallel fließenden Flüsse Rhein und Maas teilen die Niederlande in einen oberen und einen unteren Teil. Die Strände der Nordsee ziehen viele Einwohner und Touristen an. Die höchste Erhebung des Landes liegt im Süden, in der Provinz Limburg, der Vaalse Berg (321 Meter).

Die Niederländer sind weltoffen, tolerant, neugierig und reiselustig. Eine starke Migrantenwelle ist über das Land geschwappt, Immigranten aus China, Indios aus Südamerika, Asiaten aus den ehemaligen Kolonien und Bewohner des östlichen Mittelmeers. Das Straßenbild in den großen Städten wird von einer multikulturellen Gesellschaft bestimmt. Die Reise- und Entdeckerlust führte die Holländer schon früh auf alle Weltmeere, trieb sie zu Eroberungszügen in Asien, Afrika und Amerika und verhalf ihnen zum Handel mit exotischen Gütern aus allen fernen Ländern. Heute ist Rotterdam der größte Hafen der Welt.

Die Niederländer haben eine parlamentarische, konstitutionelle Monarchie. Königin Beatrix repräsentiert den Staat. Die Sprache der 10 Millionen Einwohner ist Niederländisch. Der größte Teil der Einwohner ist protestantischen Glaubens. Utrecht ist das Zentrum des Katholizismus.

3. Luxemburg

Das Großherzogtum Luxemburg ist das kleinste Land der Europäischen Union, aber es zählt zu den wirtschaftlich stärksten Staaten und besitzt einen hohen Wohlstand und zufriedene Bürger. Die Nationalsprache ist Letzelburgisch, eigentlich nur ein deutscher Dialekt, die Menschen beherrschen auch die deutsche und die französische Sprache. Spezialitäten des Landes sind Pralinen und Trüffel.

Die Hauptstadt Luxemburg ist der zentrale wirtschaftliche und kulturelle Mittelpunkt des Landes. Der europäische Gerichtshof, das Sekretariat des europäischen Parlaments und die Behörde der Montanunion sind in der Stadt angesiedelt. Die Stadt ist außerdem ein europäisches Finanzzentrum. In der Umgebung Luxemburgs wechseln Bauten der Industrie mit landschaftlicher Idylle.

Das Großherzogtum Luxemburg hat nur knapp 400.000 Einwohner. 50 % der Beschäftigten arbeiten in der leistungsstarken Industrie, nur 6 % beschäftigen sich mit der Landwirtschaft, der Rest ist im Dienstleistungssektor tätig. Die Arbeitslosenzahlen sind ausgesprochen niedrig.

Nach der Verfassung ist Luxemburg eine konstitutionelle Erbmonarchie. Staatsoberhaupt ist der Großherzog. Er ernennt die Regierung und setzt sie unter Umständen ab. Die Regierung ist der Abgeordnetenkammer verantwortlich, die alle fünf Jahre vom Volk gewählt wird.

Null-Liste
Stellplätze ohne Gebühren

Ort	Bezeichnung	Seite
Aalten (NL)	**De Pol**	**131**
Aalten (NL)	**Sportpark Zuid**	**131**
Aalter-Bellem (B)	**Kanal**	**78**
Aalter-Lotenhulle (B)	**Festhalle**	**78**
Aalter-Maria (B)	**Sportplatz**	**77**
Ablasserdam (NL)	**Anlegestelle**	**120**
Achel (B)	**Ortszentrum**	**98**
Alken (B)	**De Alk**	**92**
Almere Haven (NL)	**Sportboothaven**	**127**
Antwerpen (B)	Linkeroever	83
Assen (NL)	**Hobokenstraat**	**149**
Barvaux (B)	**Ourthe Nord**	**41**
Barvaux (B)	**Ourthe Süd**	**41**
Bastogne (B)	Stadtmitte	40
Bathmen (NL)	**Sporthalle**	**129**
Bavigne (L)	Seeufer	34
Berlare-Donk (B)	**Donkmeer**	**80**
Bilzen (B)	Alde Biezen	94
Bilzen (B)	**Tabaert**	**93**
Bocholt (B)	**Passantenhaven**	**97**
Brasschaat (B)	**Sportcentrum**	**84**
Brecht (B)	Ortsmitte	84
Bredene (B)	**Sportzentrum**	**67**
Bredevoort (NL)	**Sportpark**	**130**
Bree-Opitter	**Ortsmitte**	**96**
Brügge (B)	**Wohnmobilplatz**	**70**
Burgum (NL)	**Jachthafen**	**146**
Damme (B)	**Damse-Suid**	**70**
De Panne (B)	**Koningsplein**	**63**
Diekirch (L)	Alexis Heck	32
Diksmuide (B)	Ijzermonument	62
Diksmuide (B)	**Schwimmbad**	**61**
Diksmuide (B)	**Touristenplatz**	**62**
Dordrecht (NL)	**Weeskinderendijk**	**120**
Durbuy (B)	Pré Georgis	42
Durbuy-Rome (B)	Adventure-Park	42
Eeklo (B)	Sporthalle	71
Ehnen (L)	Moselufer	27
Emmen (NL)	**Parkeerplaats Oost**	**138**
Esch (L)	Ortsrand	34
Ettelbruck (L)	Stadion	31
Eupen (B)	Hertogenwald	45
Eupen (B)	Wesertalsperre	46
De Heurne (NL)	**Ortsparkplatz**	**132**
De Heurne (NL)	**Veenweg**	**132**
Dinxperlo (NL)	**Sportcomplex 't Welin**	**133**
Dinxperlo (NL)	**Welinkbos**	**133**
Geldermalsen (NL)	**Centrum**	**113**
Gent-Gentbrugge (B)	**Driebeek**	**79**
Gertruidenberg (NL)	**Gemeindewerft**	**113**
Grimmbergen (B)	**Ortsparkplatz**	**54**
Grimmbergen (B)	Sportplatz	53
Grobbendonk (B)	**Brandweer**	**85**
Groningen (NL)	**Kardinge**	**147**
Harelbeke (B)	**Sporthalle**	**61**
Hasselt (B)	**Kempische Kaai**	**91**
Heerenveen (NL)	**de Koningshof**	**141**
Heerenveen (NL)	**Thialf Ijsstadion**	**141**
Herentals (B)	Stadion	85
Heusden-Zolder (B)	**Domein Bovy**	**91**
Hogebeintum (NL)	**Bezoekercentrum**	**146**
Hoogeveen (NL)	**Sportcomplex 't Noord**	**139**
Jalhay (B)	Baraque Michel	45
Jalhay (B)	**Lac de la Gilepp**	**46**
Kleve-Rindern (D)	**Begegnungsstätte**	**107**
Kockelscheuer (L)	Seengebiet	29
Koksijde (B)	**Kerkplein**	**64**
Koksijde (B)	**Marktplein**	**64**
Koningshoikt (B)	Ortsparkplatz	82
Kortessem (B)	**Ortsrand**	**92**
Laren (NL)	**Sportcomplex**	**122**
Larochette (L)	Sportcenter Filano	30
Lichtenvoorde (NL)	**Swembad Meekenescl**	**130**
Lier (B)	**Zaat**	**83**
Lutjegast (NL)	**Dorphuis**	**147**
Luxemburg (L)	Kirchberg	30
Maaseik (B)	Schwimmbad	96
Malmedy (B)	**Stadtmitte**	**43**
Mechelen (B)	**De Nekker**	**55**
Millingen (NL)	**Gelderse Poort**	**107**
Mittelkerke (B)	Badenlaan	65
Mittelkerke (B)	Nordsee	65

Naarden (NL)	**Vesting**	**122**	**Straelen (D)**	**Hallenbad**	**104**
Neerpelt (B)	**Passantenhaven**	**97**			
			Temse (B)	**Schelde-Ufer**	**81**
Oostende (B)	Domain Raversijde	66	**Tongeren (B)**	**Sportzentrum**	**93**
Oostende (B)	**Zentrum**	**66**			
Oosterbeek (NL)	**Drielse Veer**	**112**	**Veurne (B)**	**Kaaiplaats**	**63**
			Vianen (NL)	**Kanaal**	**114**
Remerschen (L)	Sportfeld	29	**Vianen (NL)**	**Stadhof**	**115**
Remich (L)	Um Grein	28			
Remich (L)	Sportanlagen	28	**Waldfeucht (D)**	**Tilderweg**	**99**
Robertville (B)	Centre Nature	44	Waterloo (B)	Butte du Lion	52
Robertville (B)	Signal de Botrange	44	**Willebroek (B)**	**Stadion**	**82**
Stadskanaal (NL)	**Het Pagedal**	**149**	Zeebrugge (B)	Fischereihafen	69
Stadtbredimus (L)	Moselufer	27	**Zeebrugge (B)**	**Mobilplatz**	**69**
St.-Amands (B)	**Ortsrand**	**81**	Zeebrugge (B)	Seafront	68
St.-Niklaas (B)	**De Ster**	**80**	**Zuidbroek (NL)**	**De Broekhof**	**148**

Grachtenfahrt in Brügge

Kutschfahrt durch Brügge

Am Stellplatz in Brügge

Städteliste
Stellplätze in der Nähe der Ortszentren

Beginenhof in Brügge

Grote Markt in Brüssel

Badliste
Stellplätze am See oder am Schwimmbad

Ort	Bezeichnung	Seite
Barvaux (B)	**Ourthe Nord**	**41**
Barvaux (B)	**Ourthe Süd**	**41**
Brasschaat (B)	**Sportcentrum**	**84**
Diksmuide (B)	**Schwimmbad**	**61**
Gent-Gentbrugge (B)	**Driebeek**	**79**
Gorinchem (NL)	**Waalufer**	**114**
Insenborn (L)	Plage I	33
Insenborn (L)	Plage II	33
Laren (NL)	**Sportcomplex**	**122**
Larochette (L)	Sportcenter Filano	30
Lichtenvoorde (NL)	**Swembad Meekenesc**	**130**
Maaseik (B)	Schwimmbad	96
Mechelen (B)	**De Nekker**	**55**
Mittelkerke (B)	Nordsee	65
ST.-Niklaas (B)	**De Ster**	**80**
Straelen (D)	**Hallenbad**	**104**
Tongeren (B)	**Sportzentrum**	**93**
Wijhe (NL)	**Jachthaven**	**128**
Zeebrugge (B)	**Mobilplatz**	**69**

Am Donker See

in Almere Haven

Stellplatz an der Ijssel

Hafen-Liste

Stellplätze in Jachthäfen

Stellplatz an der Maas

Stellplatz an der Ijssel

Mühle in Damme

Europas heimliche Hauptstadt

Rund um Luxemburg

Tour 1

Luxemburg wurde im Jahre 963 vom Herzog der Ardennen, Siegfried, gegründet. Großherzog Henri ist heute das Staatsoberhaupt des Großherzogtums Luxemburg, eine konstitutionelle Monarchie. Luxemburg ist auch der Standort verschiedener europäischer Einrichtungen und Institutionen. Die Nationalsprache ist Letzeburgisch, man spricht aber auch Deutsch und Französisch.

Wir wollen das Land mit Europas heimlicher Hauptstadt, das Reich der Reben an der Mosel, die Landschaft der Ardennen und die Felsen des Müllerthals entdecken. Die Orte an der Mosel sind ideale Ausgangspunkte, um Weinkellereien und Weinmuseen kennenzulernen, durch die Weinberge zu wandern, am Ufer des Flusses entlang zu radeln oder eine Schiffstour auf der Mosel zu unternehmen.

In Trier und in Mettlach haben wir übernachtet (**LA-1** und **LA-2**) und fahren jetzt am westlichen Ufer der Mosel in Luxemburg entlang. In Ehnen, einem kleinen Dorf mit mittelalterlichem Flair, finden wir direkt an der Mosel einen ruhigen Platz (LA-3). Wir schauen den Anglern zu, beobachten die wenigen Boote auf dem Fluss und genießen die Stille. Wir besuchen das Weinmuseum in Ehnen, um uns über die Luxemburgische Weinregion Mosel zu informieren. Hier wächst vor allem der Riesling, der beim Weinfest "Riesling open" gefeiert und getrunken wird.

Angler an der Mosel

In Stadtbredimus liegt am Moselufer ein Parkplatz, der als Tageplatz genutzt werden kann (LA-4). Sehenswert sind das Schloss, die Moselschleuse und das Denkmal für die zerstörte römische Brücke.

Der bekannteste Moselort ist Remich mit historischem Viertel, alten Gassen, einer kilometerlangen Promenade am Flussufer und in Fels gehauenen unterirdischen Weinkellern. Von der Anlegestelle fahren Luxusschiffe moselabwärts nach Deutschland und Vergnügungsschiffe auf Rundkurs flussauf- und -abwärts. Ein touristischer Zug, der Jhangeli, fährt im Sommer die Urlauber durch die Weinberge. In der Nähe des Ortszentrums und an den Sportanlage kann das Fahrzeug abgestellt werden (LA-5 und LA-6).

Einen ruhigen Platz finden wir am Rande zahlreicher Baggerseen, die während der Sandgewinnung entstanden sind und sich zu einem wunderschönen Naturschutz- und Erholungsgebiet entwickelt haben (LA-7). Bekannt ist der Ortsteil Schengen durch das "Schengener Abkommen" der europäischen Staaten. Wir besichtigen das Schloss von Schengen aus dem 13. Jahrhundert mit einem Barockgarten und dem europäischen Modellgarten.

Luxemburg - Mosel und Ardennen Luxembourg, die heimliche europäische Hauptstadt, wollen wir besuchen. In Kockelscheuer, wenige Kilometer südlich der Stadt, finden wir einen geeigneten P+R-Platz für die Besichtigung der Stadt in einer reizvollen Seenlandschaft (LA-8). Eine weitere Möglichkeit bietet sich für Wohnmobile auf dem P+R-Platz Kirchberg in der Nähe des Europa-Viertels im Norden von Luxemburg (LA-9), allerdings nur für Fahrzeuge bis 3,5 t.

In Luxemburg wurden zahlreiche europäische Behörden angesiedelt, unter anderem das Generalsekretariat des Europaparlaments, der Europäische Gerichtshof, der Europäische Rechnungshof und die Europäische Investitionsbank. Außerdem hat sich die Stadt zu einem bedeutenden Finanzzentrum entwickelt.

Das historische Zentrum ist heute eine Fußgängerzone. Die geschichtliche Bedeutung ragt bis in das 10. Jahrhundert zurück, als Graf Siegfried auf dem Bockfelsen eine Burg baute. Der Bockfelsen, die Altstadt, die unterirdischen Kasematten und die Reste der Festung sind Weltkulturerbe der UNESCO. In der Altstadt beeindrucken uns der Großherzogliche Palast mit einer Fassade aus der Zeit der Renaissance, die Kathedrale Notre Dame aus dem 17. Jahrhundert und die malerischen Häuser am Fischmarkt und an den Ufern der Alzette. Auf dem Vauban-Rundweg sehen wir die Reste der alten Festung und das Fort Thüngen mit drei erhaltenen runden Türmen. Im Nationalmuseum am Fischmarkt bewundern wir verschiedene Sammlungen über Archäologie, Kunst, Volkskunde und Wohnkultur. Im Museum für Naturgeschichte stehen Exponate über Geologie, Zoologie und die heimische Tier- und Pflanzenwelt im Mittelpunkt.

Von Luxemburg lenken wir unser Fahrzeug nach Norden in das malerische Müllerthal der Ardennen. Ausgedehnte Waldlandschaften, bizarre Sandsteinfelsen, gewundene Flussläufe und tief eingeschnitte Täler sind die Merkmale dieser Landschaft. Im urigen Ferienort Larochette mit einer Doppelburg aus dem 12. Jahrhundert auf einem Felsvorsprung und historischen Gebäuden auf dem Marktplatz stellen wir unser Mobil ab (LA-10), umgeben von dichten Wäldern und zerklüfteten Felspartien.

In Nommern wurden vor dem Campingplatz Nommerlayen in einer ruhigen und schönen Umgebung Stellplätze für Wohnmobile angelegt (**LA-11**). An diesem Ort ist ein längerer Aufenthalt sinnvoll. In Ettelbruck ist der Parkplatz am Stadion für eine Stadtbesichtigung sehr gut geeignet (LA-12). Dem amerikanische General Patton hat die Stadt ein Denkmal gewidmet und ein Museum eingerichtet, um seine Verdienste um die Befreiung Luxemburgs im 2. Weltkrieg zu würdigen.

In der benachbarten Stadt Diekirch kann man an der Sauer übernachten (LA-13 und **LA-14**). Im Stadtkern, in der Fußgängerzone, fallen die vielen kleinen und engen Gassen, die Pfarrkirche St. Laurentius und der in Terrassen angelegte Marktplatz auf. Überall in der verschachtelten Altstadt kann man die verschiedenen Diekircher Bierspezialitäten genießen und im Biermuseum seine Kenntnisse über die Braukunst aufbessern. Im Militärmuseum sind die Ereignisse der Ardennen-Offensive 1944/45 dargestellt.

Der Obersauerstausee ist ein schönes Erholungsgebiet und ein einzigartiger Biotop in den Ardennen. Herrliche Wanderpfade mit ständigen Ausblicken auf den See durchziehen das Gebiet. Wir fahren zu den Stränden von Insenborn (LA-15 und LA-16).

Esch an der Sauer ist zwischen Felsen und Fluss eingekeilt. Seine einzigartige Lage zieht viele Touristen an. Auf einem senkrechten Felssturz stehen immer noch die stolzen Ruinen zweier Festungen. Im Haus des Naturparks Obersauer informiert eine Ausstellung über die Flora und Fauna des Naturparks. Am Ortsrand und am anderen Ufer des Sees in Bavigne besteht die Möglichkeit zum Abstellen des Ferienhauses auf Rädern (LA-17 und LA-18). Vom Obersauerstausee fahren wir nach Belgien, zur nahen Stadt Bastogne.

Tour 1
Luxemburger Ardennen

Tour 1: In den Luxemburger Ardennen

Nr.	Ort, Bezeichnung	Stell-plätze A	Gast-haus	Häu-ser	WC	Bad See	Orts-nähe B	Ent-sorg.	Park-dauer C	Park-gebühr D
LA-1	D-Trier, Treviris ***	50	+	+	-	-	-	+	U	5
LA-2	D-Mettlach-Orscholz, Cloef ****	10	+	+	+	-	5	+	U	5
LA-3	Ehnen, Moselufer **	10	+	+	-	-	10	-	1	0
LA-4	Stadtbredimus, Moselufer *	10	+	+	-	-	5	-	1	0
LA-5	Remich, Um Grein **	10	+	+	-	-	6	-	1	0
LA-6	Remich, Sportanlagen *	10	+	+	-	-	12	-	1	0
LA-7	Remerchen, Sportfeld **	5	+	+	-	-	12	-	1	0
LA-8	Kockelscheuer, Seengebiet ***	30	+	-	-	-	x	-	1	0
LA-9	Luxembourg, Kirchberg *	30	-	+	-	-	x	-	1	0
LA-10	Larochette, Sportcenter Filano ***	10	-	+	-	+	x	-	1	0
LA-11	Nommern, Nommerlayen ***	20	+	-	+	-	x	+	U	P
LA-12	Ettelbruck, Stadion ***	50	+	-	-	-	10	-	1	0
LA-13	Diekirch, Alexis Heck **	10	+	+	-	-	8	-	1	0
LA-14	Diekirch, De la Sure *	10	-	+	+	-	12	+	U	12
LA-15	Insenborn, Plage I **	10	-	+	-	+	x	-	1	6
LA-16	Insenborn, Plage II ***	10	-	-	+	+	x	-	1	6
LA-17	Esch, Ortsrand *	3	-	+	-	-	x	-	1	0
LA-18	Bavigne, Seeufer **	5	+	+	-	-	8	-	1	0

**** sehr ruhige und sehr schöne Lage.
*** sehr ruhige und schöne Lage.
** ruhige und gute Lage.
* keine ruhige Lage.
A Stellplätze gestaffelt nach 3, 5, 10, 20, 30, 50 Wohnmobilen. Dabei wird angenommen, dass nur die Hälfte des Platzes zur Verfügung steht und die andere Hälfte durch PKW belegt ist.
B Fußweg in Minuten, x über 15 min Fußweg.
C Aufenthaltsdauer in Tagen.
D Stellplatzgebühr in Euro pro Wohnmobil und 24 Stunden oder Parkgebühr.
P Parkgebühr in der Saison.
T Aufenthaltsdauer einige Tage.
U Aufenthaltsdauer unbegrenzt.
Parkplatz (gelb) Wohnmobil-Stellplatz (grün)

Seenplatte bei Remischen

Trier Reisemobil-Stellplatz Treviris *** LA - 1

Wohnmobilpark mit einzelnen Baumreihen auf dem Messegelände in sehr ruhiger und schöner Lage.

Vom Ende der Autobahn A602 am Verteilerkreis geradeaus Richtung Luxemburg fahren (B49). Nach 5,3 km rechts Richtung Messepark abbiegen und über die Brücke fahren. Nach 400 m rechts dem Wegweiser Messepark folgen. Nach 300 m (**In den Moselauen**) dem Wohnmobil-Symbol folgen. Noch 200 m bis zum Platz östlich der Brücke. Koordinaten: 49° 44,42' Nord, 6° 37,47' Ost.

Gaststätte in der Nähe.
Häuser in der Nähe.
Ver- und Entsorgung am Parkplatz.
Dusche am Platz. Gebühr 1 € für 1 Stunde.
Stromanschlüsse möglich. Gebühr 2 € für 12 Stunden.
Aufenthaltsdauer nicht begrenzt. Ganzjährig zugänglich.
Wohnmobile immer anzutreffen.
Auch für Caravan zugelassen.
Bushaltestelle in der Nähe. Linie 40 zur Innenstadt.
Jede halbe Stunde bis 18.00 Uhr. 10 min Fahrzeit.
30 min Fußweg zur Innenstadt.
Wanderungen und Radtouren im Moseltal. Moselradweg.
Schiffsfahrt auf der Mosel. Schiffsanlegestelle in Trier-Zurlauben.
Parkgebühr 5 € für 24 Stunden.
Stellmöglichkeiten für 50 Wohnmobile.
Ebene, gepflasterte Stellflächen.
Tourist Information Trier Tel. (0 651) 9 78 08 - 0.

Mettlach-Orscholz Cloef-Atrium **** LA - 2

Wohnmobilplatz am Aussichtspunkt Saarschleife in sehr ruhiger und sehr schöner Lage.

Von der Ausfahrt Mettlach (4) der A8 Richtung Orscholz fahren und nach 3,4 km rechts Richtung Orscholz/Cloef abbiegen. Nach weiteren 4,4 km - 800 m nach dem Ortsanfang - rechts Richtung Cloef/Mettlach fahren und nach 500 m im Kreisel (**Cloefstraße**) halbrechts dem Wegweiser Cloef folgen. Noch 300 m bis zum Platz links. Von Mettlach Richtung Orscholz/Cloef (braunes Schild) fahren und 3 km nach der Saarbrücke links Richtung Nennig/Orscholz abbiegen. Nach weiteren 3 km - 800 m nach dem Ortsanfang - im Kreisel links dem Wegweiser Cloef folgen. Noch 300 m.
Koordinaten: 49° 30,27' Nord, 6° 31,95' Ost.

Gaststätten am Platz und in der Nähe.
Häuser und Besucherzentrum mit Ausstellung am Platz.
WC am Platz. Wasserversorgung und Kassettenentsorgung.
Ganzjährig zugänglich. Aufenthaltsdauer nicht begrenzt.
Aussichtspunkt Saarschleife in 500 m Entfernung.
Familienfreizeitpark, Spielplatz, Märchenpark in der Nähe.
5 min Fußweg zur Ortsmitte.
Besuch des Museum Villeroy & Boch in Mettlach.
Schiffsrundfahrt Moselschleife von Mettlach oder Dreisbach.
Wanderungen und Radtouren im Dreiländereck.
Stellplatzgebühr 5 € für 24 Std. (an der Info-Kasse entrichten).
Ebene, befestigte Stellflächen für 10 Wohnmobile.
Tel. (0 68 65) 91 15-0. Internet www.cloef-atrium.de.

Ehnen (Mosel) Moselufer ** LA - 3

Durch Bäume in Abschnitte eingeteilter **Parkplatz** am Moselufer in ruhiger und schöner Lage.

Von der deutschen Grenze Richtung Grevenmacher (N1) und in Grevenmacher Richtung Remich (N10) fahren. 100 m nach dem Ortsanfang Ehnen links zum Parkplatz abbiegen. Bei Anfahrt aus dem Süden 1 km nach dem Ortsanfang rechts zum Parkplatz abbiegen.
Koordinaten: 49° 36,05' Nord, 6° 23,37' Ost.

Gaststätte und Häuser am Platz.
Blick auf die Mosel.
Ganzjährig zugänglich.
10 min Fußweg zur Ortsmitte.
Weinprobe und Weinkauf in Ehnen.
Angeln an der Mosel.
Besichtigung von Ehnen: Mittelalterliche Gassen, St.Donatus Kapelle, Weinmuseum.
Wandern und Radtouren am Moselufer.
Natur- und Weinlehrpfad in Wormeldange.
Fahrt auf der Moseluferstraße.
Fahrt nach Luxemburg.
Keine Stellplatzgebühr.
Stellmöglichkeiten für 10 Wohnmobile.
Ebene und leicht schräge, asphaltierte Stellflächen.

Stadtbredimus (Mosel) Moselufer * LA - 4

Zwei **Parkplätze** am Moselufer in schöner Lage.

Von Grevenmacher Richtung Remich fahren (N10). 900 m nach dem Ortsanfang Stadtbredimus links zum Parkplatz abbiegen. Bei Anfahrt aus dem Süden 1,3 km nach dem Ortsende Remich rechts zum Parkplatz abbiegen. Koordinaten: 49° 33,87' Nord, 6° 22,11' Ost.

Gaststätte und Häuser am Platz.
Blick auf die Mosel.
Bänke am Platz.
Parkplatz nur für Fahrzeuge bis 3,5 t.
Verkehrsgeräusche durch Moseluferstraße.
Schiffsanlegestelle und Bushaltestelle am Platz.
Ganzjährig zugänglich.
5 min Fußweg zur Ortsmitte.
Kellereibesichtigung, Weinprobe und Weinkauf in Remich.
Fahrt mit den Moselschiffen.
Angeln an der Mosel.
Besichtigung von Remich: Alte Gassen und Häuserviertel, unterirdische Weinkeller.
Wandern und Radtouren am Moselufer.
Fahrt mit dem touristischen Zug Jhangeli. Ostern bis Oktober.
Fahrt auf der Moseluferstraße.
Fahrt nach Luxemburg.
Keine Stellplatzgebühr.
Stellmöglichkeiten für 10 Wohnmobile.
Ebene, asphaltierte Stellflächen.

Remich (Mosel) Um Grein ** LA - 5

Großparkplätze am Ortsrand in ruhiger Lage.

Bei Anfahrt aus dem Norden von Grevenmacher (N10) 1,8 km nach dem Ortsanfang rechts den Parkplatzwegweisern folgen. Nach 100 m links zum Platz abbiegen.
Koordinaten: 49° 32,51' Nord, 6° 21,96' Ost.

Gaststätte und Häuser am Platz.
Blick auf die Mosel.
Müllkörbe am Platz.
Parkplatz nur für Fahrzeuge bis 3,5 t.
Ganzjährig zugänglich.
6 min Fußweg zur Ortsmitte.
Kellereibesichtigung, Weinprobe und Weinkauf in Remich.
Fahrt mit den Moselschiffen.
Angeln an der Mosel.
Besichtigung von Remich: Alte Gassen und Häuserviertel, unterirdische Weinkeller.
Wandern und Radtouren am Moselufer.
Fahrt mit dem touristischen Zug Jhangeli. Ostern bis Oktober.
Fahrt auf der Moseluferstraße.
Fahrt nach Luxemburg.
Keine Stellplatzgebühr.
Stellmöglichkeiten für 10 Wohnmobile.
Ebene, gepflasterte Stellflächen.

Remich (Mosel) Sportanlagen * LA - 6

Parkplatz am Sportfeld.

Bei Anfahrt aus dem Norden von Grevenmacher (N10) 2,3 km nach dem Ortsanfang rechts zum Parkplatz abbiegen. Koordinaten: 49° 32,35' Nord, 6° 21,78' Ost.
Gaststätte und Häuser am Platz.
Blick auf die Mosel.
Müllbehälter am Platz.
Parkplatz nur für Fahrzeuge bis 3,5 t.
Verkehrsgeräusche durch Moseluferstraße.
Ganzjährig zugänglich.
12 min Fußweg zur Ortsmitte.
Kellereibesichtigung, Weinprobe und Weinkauf in Remich.
Fahrt mit den Moselschiffen.
Angeln an der Mosel.
Besichtigung von Remich: Alte Gassen und Häuserviertel, unterirdische Weinkeller.
Wandern und Radtouren am Moselufer.
Fahrt mit dem touristischen Zug Jhangeli. Ostern bis Oktober.
Fahrt auf der Moseluferstraße.
Fahrt nach Luxemburg.
Keine Stellplatzgebühr.
Stellmöglichkeiten für 10 Wohnmobile.
Ebene, asphaltierte Stellflächen.

Remerschen (Mosel) Sportfeld ** LA - 7

Parkplatz am Sportfeld in ruhiger und schöner Lage.

Von der Ausfahrt Remerschen der A13 Richtung Remich fahren (N10). Nach 400 m im Kreisel rechts Richtung Remich fahren und nach weiteren 1,2 km links Richtung Caves du Sud abbiegen (**Bréicherweg**). Nach 200 m rechts zum Parkstreifen, nach weiteren 400 m links zum Parkplatz abbiegen.
Koordinaten: 49° 29,54' Nord, 6° 21,45' Ost.

Gaststätte und Häuser in der Nähe.
Naturschutzgebiet (Baggerseen) und Naturlehrpfad am Platz.
Müllbehälter am Platz.
Ganzjährig zugänglich.
12 min Fußweg zur Ortsmitte.
Weinprobe und Weinkauf in Remerschen.
Besichtigung von Remerschen: Schloss Wintrange, Schloss von Schengen, Kirche, Kochhaus.
Angeln an den Baggerseen.
Wandern und Radtouren an den Baggerseen und am Moselufer.
Fahrt auf der Moseluferstraße.
Fahrt nach Luxemburg.
Keine Stellplatzgebühr.
Stellmöglichkeiten für 5 Wohnmobile.
Ebene, befestigte Stellflächen.

Kockelscheuer (Luxemburg) Seengebiet *** LA - 8

Durch Bäume in Abschnitte eingeteilter **P+R-Platz** südlich von Luxemburg mit Busanbindung in sehr ruhiger und schöner Lage.

Von der Ausfahrt Bettembourg (2) der A3 Richtung Bettembourg und nach 900 m rechts Richtung Kockelscheuer abbiegen. Nach weiteren 4,1 km - 600 m nach dem Ortsende Kockelscheuer - links zum Parkplatz abbiegen. Koordinaten: 49° 33,91' Nord, 6° 6,49' Ost.

Gaststätte in der Nähe.
Seen und Teiche am Platz.
Spielplatz, Ballplatz, Picknick-Platz und Bänke am Platz.
Müllbehälter am Platz.
Ganzjährig zugänglich.
10 min Busfahrt zur Stadtmitte Luxemburg.
Besichtigung von Luxemburg: Kasematten, Krypta, Schloss am Bockfelsen, Großherzoglicher Palast, Nationalmuseen, Historisches Museum, Postmuseum. Museum für Musikinstrumente, Straßenbahnmuseum.
Wandern und Radtouren im Bois de Bettembourg.
Keine Stellplatzgebühr.
Stellmöglichkeiten für 30 Wohnmobile.
Ebene und leicht schräge, asphaltierte Stellflächen.

Luxemburg (Luxemburg) Kirchberg ** LA - 9

In Abschnitte eingeteilter **P+R-Platz** nördlich von Luxemburg in ruhiger Lage.

Von der Ausfahrt Bettenbourg (8) der A1 Richtung Luxembourg centre fahren und nach 400 m dem P+R-Schild Kirchberg links folgen. Nach 100 m links zum Platz abbiegen.
Koordinaten: 49° 38,19' Nord, 6° 10.49' Ost.

Häuser am Platz.
Für Fahrzeuge über 3,5 t nicht erlaubt.
Großkino mit Großparkplatz in der Nähe.
Müllbehälter am Platz.
Ganzjährig zugänglich.
10 min Busfahrt zur Stadtmitte Luxemburg.
Besichtigung von Luxemburg: Kasematten, Krypta, Schloss am Bockfelsen, Großherzoglicher Palast, Nationalmuseen, Historisches Museum, Postmuseum. Museum für Musikinstrumente, Straßenbahnmuseum.
Keine Stellplatzgebühr.
Stellmöglichkeiten für 30 Wohnmobile.
Ebene, asphaltierte Stellflächen.

Larochette (Luxemburger Schweiz) Sportcenter Filano *** LA - 10

In Terrassen angelegter **Parkplatz** in sehr ruhiger und schöner Lage.

In Larochette Richtung Mersch fahren (N8) und nach 1,3 km links Richtung Sportcenter/Hallenbad abbiegen. Nach 400 m wird rechts der Parkplatz hinter der Mehrzweckhalle erreicht.
Koordinaten: 49° 47,16' Nord, 6° 12,44' Ost.

Häuser am Platz.
Mehrzweckhalle am Platz.
Hallenbad in der Nähe.
Müllbehälter am Platz.
Ganzjährig zugänglich.
Besichtigung von Larochette: Doppelburg, mittelalterlicher Platz, alte Gassen, Reste eines Römischen Lagers, Felspartien.
Besichtigung von Luxemburg: Kasematten, Krypta, Schloss am Bockfelsen, Großherzoglicher Palast, Nationalmuseen, Historisches Museum, Postmuseum. Museum für Musikinstrumente, Straßenbahnmuseum.
Fahrt durch das Müllerthal (Luxemburger Schweiz).
Keine Stellplatzgebühr.
Stellmöglichkeiten für 10 Wohnmobile.
Ebene und leicht schräge Stellflächen auf Rasengittersteinen.

Nommern (Ardennen) Nommerlayen *** LA - 11

Wohnmobilplätze vor dem Campingplatz in sehr ruhiger und schöner Lage.

Von der N8 (Larochette-Mersch) Richtung Nommern abbiegen. Nach 2,7 km - 300 m nach dem Ortsanfang - links dem Wegweiser Camping Nommerlayen und nach 100 m wieder links diesem Wegweiser folgen (**Rue Nommerlayen**). Noch 800 m bis zu den Plätzen.
Koordinaten: 49° 47,12' Nord, 6° 10,00' Ost.

Gaststätte am Platz.
Schwimmbad auf dem Campingplatz.
Ver- und Entsorgung auf dem Campingplatz. Müllbehälter am Platz.
01.12 - 31.01 nicht zugänglich. Aufenthalt nicht begrenzt.
Für sehr große Mobile nicht geeignet.
Auch für Caravans erlaubt.
Wanderungen und Radtouren. Mietfahrräder am Platz.
Besichtigung von Larochette: Doppelburg, mittelalterlicher Platz, alte Gassen, Reste eines Römischen Lagers, Felspartien.
Besichtigung von Ettelbruck: Denkmal für General Patton mit Museum, Centre des Arts, Altstadt.
Besichtigung von Diekirch: Pfarrkirche St.Laurentius, Brauereimuseum, Museum für Militärgeschichte, Bienenmuseum.
Fahrt durch das Müllerthal (Luxemburger Schweiz).
Fahrt nach Luxemburg.
Stellplatzgebühr.
Stellmöglichkeiten für 20 Wohnmobile.
Ebene Stellflächen auf fester Wiese.

Ettelbuck (Ardennen) Stadion *** LA - 12

Großparkplatz und Parkplätze am Stadion in einer Grünanlage in sehr ruhiger und schöner Lage.

Bei Anfahrt aus dem Süden von Mersch (N7) 600 m nach dem Ortsanfang im Kreisel links Richtung Centre sportif fahren. Noch 200 m bis zum Großparkplatz rechts und 400 m bis zu den Parkplätzen am Stadion.
Koordinaten: 49° 50,63' Nord, 6° 5,80' Ost.
Gaststätte am Platz.
Haltestelle Citybus am Platz.
Müllbehälter am Platz.
Ganzjährig zugänglich.
10 min Fußweg zur Stadtmitte.
Wanderungen und Radtouren.
Besichtigung von Ettelbruck: Denkmal für General Patton mit Museum, Centre des Arts, Altstadt.
Besichtigung von Larochette: Doppelburg, mittelalterlicher Platz, alte Gassen, Reste eines Römischen Lagers, Felspartien.
Besichtigung von Diekirch: Pfarrkirche St.Laurentius, Brauereimuseum, Museum für Militärgeschichte, Bienenmuseum.
Fahrt durch das Müllerthal (Luxemburger Schweiz).
Fahrt nach Luxemburg.
Keine Parkgebühr.
Stellmöglichkeiten für 50 Wohnmobile.
Ebene, aspaltierte Stellflächen.

Diekirch (Ardennen) Alexis Heck ** LA - 13

Parkplatz am Flussufer mit Randbäumen in ruhiger und schöner Lage.

Bei Anfahrt aus dem Westen von Ettelbruck (N7) 1,7 km nach dem Ortsanfang rechts zum Parkplatz abbiegen. Koordinaten: 49° 52,07' Nord, 6° 9,77' Ost.

Gaststätte in der Nähe.
Häuser am Platz.
Blick auf die Sauer.
Platz nur für Fahrzeuge bis 3,5 t.
Ganzjährig zugänglich.
8 min Fußweg zur Stadtmitte.
Wanderungen und Radtouren.
Besichtigung von Diekirch: Pfarrkirche St.Laurentius, Brauereimuseum, Museum für Militärgeschichte, Bienenmuseum.
Besichtigung von Ettelbruck: Denkmal für General Patton mit Museum, Centre des Arts, Altstadt.
Besichtigung von Larochette: Doppelburg, mittelalterlicher Platz, alte Gassen, Reste eines Römischen Lagers, Felspartien.
Fahrt durch das Müllerthal (Luxemburger Schweiz).
Fahrt nach Luxemburg.
Keine Parkplatzgebühr.
Stellmöglichkeiten für 10 Wohnmobile.
Ebene, aspaltierte und befestigte Stellflächen.

Diekirch (Ardennen) De la Sure * LA - 14

Übernachtungsplatz vor dem Campingplatz.

Bei Anfahrt aus dem Westen von Ettelbruck (N7) 1,6 km nach dem Ortsanfang rechts über die Brücke Richtung Larochette fahren (N17). Nach 200 m links dem Wohnmobil-Symbol folgen (**Route de Gilsdorf**). Noch 200 m bis zum Platz links. Koordinaten: 49° 51,96' Nord, 6° 9,91' Ost.

Häuser am Platz.
Ver- und Entsorgung am Platz (Holiday Clean).
Stromanschlüsse am Platz.
Für sehr große Wohnmobile nicht geeignet.
Ganzjährig zugänglich.
12 min Fußweg zur Stadtmitte.
Wanderungen und Radtouren.
Besichtigung von Diekirch: Pfarrkirche St.Laurentius, Brauereimuseum, Museum für Militärgeschichte, Bienenmuseum.
Besichtigung von Ettelbruck: Denkmal für General Patton mit Museum, Centre des Arts, Altstadt.
Besichtigung von Larochette: Doppelburg, mittelalterlicher Platz, alte Gassen, Reste eines Römischen Lagers, Felspartien.
Fahrt durch das Müllerthal (Luxemburger Schweiz).
Fahrt nach Luxemburg.
Stellplatzgebühr: 12 € für 24 Stunden.
Stellmöglichkeiten für 10 Wohnmobile.
Ebene, aspaltierte und befestigte Stellflächen.

Insenborn (Ardennen) Plage I ** LA - 15

Parkplatz am nördlichen Strand in ruhiger und schöner Lage.

Von der N15 (Ettelbrunn-Bastogne) Richtung Esch abbiegen. Nach 1,6 km links Richtung Insenborn fahren (CR316). Nach weiteren 1,3 km rechts Richtung Insenborn fahren und nach weiteren 4,6 km rechts nach Insenborn abbiegen. Nach 300 m rechts dem Wegweiser Plage I folgen. Noch 200 m bis zum Platz
Koordinaten: 49° 54,13' Nord, 5° 53,10' Ost.

Häuser in der Nähe.
Für große Wohnmobile nicht geeignet.
Caravan und Camping nicht erlaubt.
Mülltonnen am Platz.
Ganzjährig zugänglich.
Badestrand am See.
Wassersport auf dem Stausee.
Besichtigung von Esch: Lage zwischen Felsen und Fluss,
Ruinen zweier Schlossfestungen, Haus Naturpark Obersauer.
Wanderungen am Lac de la Haute-Sure und im Oesling.
Fahrt nach Ettelbrunn und Diekirch.
Fahrt nach Bastogne (Belgien).
Parkplatzgebühr: 6 € (7-19.00 Uhr).
Stellmöglichkeiten für 10 Wohnmobile.
Ebene und leicht schräge, befestigte Stellflächen.
Ausweichparkplatz an der Staumauer.

Insenborn (Ardennen) Plage II *** LA - 16

Parkplatz mit Bäumen am südlichen Strand in sehr ruhiger und schöner Lage.

Von der N15 (Ettelbrunn-Bastogne) Richtung Esch abbiegen. Nach 1,6 km links Richtung Insenborn fahren (CR316). Nach weiteren 1,3 km rechts Richtung Insenborn fahren und nach weiteren 4,6 km rechts nach Insenborn abbiegen. Nach 300 m geradeaus dem Wegweiser Plage II folgen. Nach weiteren 300 m halblinks nach unten zum See fahren. Noch 1 km bis zum Platz.
Koordinaten: 49° 54,09' Nord, 5° 52,92' Ost.

Einsame Lage.
Für große und hohe Wohnmobile nicht geeignet.
Caravan und Camping nicht erlaubt.
Schmale, lange Zufahrt.
Mülltonnen am Platz.
WC am Platz.
Ganzjährig zugänglich.
Badestrand am See.
Wanderungen am Lac de la Haute-Sure und im Oesling.
Besichtigung von Esch: Lage zwischen Felsen und Fluss,
Ruinen zweier Schlossfestungen, Haus Naturpark Obersauer.
Fahrt nach Ettelbrunn und Diekirch.
Fahrt nach Bastogne (Belgien).
Parkplatzgebühr: 6 € (7-19.00 Uhr).
Stellmöglichkeiten für 10 Wohnmobile.
Ebene und leicht schräge, befestigte Stellflächen.
Ausweichparkplatz an der Staumauer.

Esch sur Sure (Ardennen) Ortsrand * LA - 17

Parkplatz am Ortsrand.

Von der N15 (Ettelbrunn-Bastogne) Richtung Esch abbiegen. Nach 1,4 km - 100 m nach dem Ortsanfang - geradeaus zum Parkplatz fahren.
Koordinaten: 49° 54,59' Nord, 5° 56,20' Ost.

Häuser am Platz.
Bänke und Tische am Platz.
Müllbehälter am Platz.
Für sehr große Wohnmobile nicht geeignet.
Information am Platz.
Ganzjährig zugänglich.
Besichtigung von Esch: Lage zwischen Felsen und Fluss, Ruinen zweier Schlossfestungen, Haus Naturpark Obersauer.
Wanderungen am Lac de la Haute-Sure und im Oesling.
Fahrt nach Ettelbrunn und Diekirch.
Fahrt nach Bastogne (Belgien).
Keine Parkplatzgebühr.
Stellmöglichkeiten für 3 Wohnmobile.
Ebene und leicht schräge, asphaltierte Stellflächen.
Ausweichparkplatz an der Staumauer.

Bavigne (Ardennen) Seeufer ** LA - 18

Parkplatz am Seeufer in schöner Lage.

Von der N15 (Ettelbrunn-Bastogne) Richtung Bavigne abbiegen (N26) und nach 4,8 km im Kreisel links Richtung Lac/Barrage abbiegen (**Am Eck**). Noch 200 m bis zum Platz links.
Koordinaten: 49° 55,07' Nord, 5° 51,00' Ost.

Gaststätte in der Nähe.
Häuser am Platz.
Nebenstraße am Platz.
Blick auf den See.
Zufahrt nur für Fahrzeuge bis 7 t.
Caravan und Camping verboten.
Müllbehälter am Platz.
Ganzjährig zugänglich.
8 min Fußweg zur Ortsmitte.
Besichtigung von Esch: Lage zwischen Felsen und Fluss, Ruinen zweier Schlossfestungen, Haus Naturpark Obersauer.
Wanderungen am Lac de la Haute-Sure und im Oesling.
Fahrt nach Ettelbrunn und Diekirch.
Fahrt nach Bastogne (Belgien).
Keine Parkplatzgebühr.
Stellmöglichkeiten für 5 Wohnmobile.
Ebene und leicht schräge, asphaltierte Stellflächen und Stellmöglichkeiten auf Wiesengelände.

Wälder, Hügel, Flüsse und Seen
Durch die Belgischen Ardennen
Tour 2

Vom Obersauerstausee in Luxemburg fahren wir nach Bastogne und stellen unser Wohnmobil auf dem großen Platz am Rande der Innenstadt ab (BA-1). Ein Panzer und ein Denkmal für den amerikanischen General McAuliffe, den Befreier und Verteidiger der Stadt, erinnern an die blutigen Ereignisse während der deutschen Ardennen-Offensive 1944/45. Im Kriegsmuseum sind Exponate der Schlacht ausgestellt. Filmvorführungen zeigen die Kriegsereignisse. Das Ehrenmal für die gefallenen amerikanischen Soldaten der Ardennenschlacht wurde auf dem Mardasson-Hügel nordöstlich der Stadt errichtet.

Von den historischen Bauten ist wenig erhalten geblieben, das Stadttor Porte de Trèves und die Kirche St.-Pierre sind Zeugen der Vergangenheit. Im Museé Au Pays d'Ardenne wird das Leben in den Ardennen, das Handwerk und die Natur, im Museé en Piconrue Frömmigkeit, Wunder, Aberglaube und Glauben dargestellt.

Für einen mehrtägigen Aufenthalt in den Ardennen bieten sich die Stellplätze in Dochamps an (**BA-2**). Eine ruhige Nacht ist gewährleitet, Gastwirtschaften sind vorhanden, für die Ver-und Entsorgung ist gesorgt und Wanderungen und Radtouren können den Tagesablauf bestimmen.

Sehr schön und ruhig am Ufer der Ourthe liegen die beiden Stellplätze in Barvaux (**LA-3** und **LA-4**). Nur wenige Schritte führen über die Brücke in die Stadt. Am Ufer des Flusses liegen die Kanus und Kajaks für Touren auf der Ourthe bereit. Diese erlebnisreichen Paddel-Touren können in mehreren Abschnitten unternommen werden. Der Rücktransport der Personen und Boote erfolgt mit Fahrzeugen. Alternativ kann der Rückweg auch auf Fahrrädern zurückgelegt werden. Wir entscheiden uns für eine kurze Tour. Der Blickwinkel vom Wasser auf das Ufer und die Landschaft gibt uns neue, unvergessliche Eindrücke.

Kanu-Tour auf der Ourthe

Belgische Ardennen Durbuy nennt sich mit etwa 300 Einwohnern kleinste Stadt der Welt. Die Stadtrechte bestehen seit 1331. Durch Felsen und den Fluss wird die Stadt eingeengt. Neben einer Handvoll alter Häuser, schmalen Gassen mit Kopfsteinplaster, einer mittelalterlichen Brücke und alten Klostermauern beeindruckt uns das Château Comtes d'Ursel aus dem 11. Jahrhundert, Schlossburg der Grafen von Durbuy.

Am Ufer der Ourthe bewundern wir im Parc des Topiaires Fabelwesen aus einer anderen Welt und zahlreiche Tiere, alle geformt aus kunstvoll beschnittenen Hecken und Büschen. Auf dem Weg nach Barvaux irren wir in einem riesigen Irrgarten aus Maispflanzen umher. Im ausgedehnten Adventure-Park laden viele Attraktionen Groß und Klein ein. Im Sommer hat der Tourismus die Stadt fest im Griff, in den anderen Monaten scheint die Zeit in dem romantischen Ort stillzustehen.

Wir folgen einem Hinweisschild mit dem Wohnmobil-Symbol und landen auf einem Campingplatz. Wir wenden und übernachten auf dem großzügigen Parkgelände der Kanuten einen Kilometer vor dem Ort (BA-6). Eine weitere Übernachtungsmöglichkeit gibt es im Ortsteil Rome am Adventure-Park (BA-5).

In Hamoir führt uns das Wohnmobil-Symbol zu einem echten, schön und ruhig am Ufer der Ourthe gelegenen Wohnmobilstellplatz (**BA-7**). Angeln, Kanufahrten, Radtouren, Wanderungen und die Gastronomie des Ortes bieten von diesem Stellplatz aus viel Abwechslung.

Unsere Route führt uns nun ins deutschsprachige Belgien, in die Region Eupen-Malmedy und in das unberührte Naturschutzgebiet Hohes Venn. Am unteren Rand dieses Hochmoores liegt

Wanderung im Hohen Venn

Malmedy, schon 646 vom Apostel der Ardennen Remaklus gegründet. Im Mittelpunkt der Altstadt erhebt sich mit überall sichtbaren Doppeltürmen die Cathédrale Saints Pierre, Paul und Quirin. Der Reliqienschrein des heiligen Quirinus wird im Kircheninneren aufbewahrt. Im Papiermuseum erfahren wir alles über das Papier, vom altägyptischen Papyrus über chinesisches Papier bis zu der modernen Papierherstellung. Im Carnevalmuseum wird der Carneval der Ardennen dargestellt. Wir sind überrascht, fast in der Mitte der Stadt einen Parkplatz für den Stadtbummel und gleichzeitig ruhigen Platz für die Nacht zu finden (**BA-8**).

Belgische Ardennen Nebelschleier, Tauperlen, Mooraugen, Binsen, Wollgras, kleine Fichten und verkrüppelte Birken begleiten uns auf unseren Wanderungen auf hölzernen Stegen durch das Hohe Venn zwischen den großen Parkplätzen Centre Nature, Signal de Botrange und Barraque Michel (BA-9, BA-10 und BA-11). Wir haben gut am Centre Nature übernachtet, uns Unterlagen über das Hochmoor und seine Flora und Fauna besorgt und die sehenswerte Ausstellung besucht.

Nebelschwaden im Hohen Venn

Der Signal de Botrange ist mit 694 Metern der höchste Berg Belgiens, den wir vom zweiten Parkplatz leicht erreichen. Sehr beliebt sind die Wanderungen von Barraque Michel und der urige Gasthof an diesen Platz. Der Parkplatz ist aber wegen der nahen Straße weniger für die Übernachtung geeignet. Ein anderer größerer Wanderparkplatz liegt im nördlichen Teil das Hohen Venn Richtung Eupen (BA-12).

An der Staumauer des Stausees Lac de la Gilepp dürfen Wohnmobile übernachten (**BA-13**). Der Platz bietet ausreichend Stellmöglichkeiten, liegt in einer sehr reizvollen See- und Waldlandschaft und lockt mit einem Aussichtsturm und einem Restaurant. Am Tage besuchen viele Autofahrer und Wanderer diesen Platz, abends kehrt Stille ein und die Urlauber im Wohnmobil sind unter sich. Bei Eupen besuchen wir die Wesertalsperre, ebenfalls ein sehr schönes Wandergebiet mit einem weitläufigen Parkplatz zum Abstellen des fahrbaren Ferienhauses (BA-14).

Mooraugen im Hohen Venn

Eupens Wahrzeichen ist die St. Nikolauskirche mit markanten Doppeltürmen aus dem Jahr 1724. Sehenswerte Parizierhäuser, Paläste, das klassizistische Rathaus und das prächtige Klösterchen am Marktplatz sind in der Stadt zu bewundern.

Lac de la Gilepp

Hier endet im Museum der Schokoladenfabrik unsere Tour durch die Belgischen Ardennen, aber nicht, ohne viele der süßen Köstlickeiten für die Reise und als Geschenke mitzunehmen. Wir können einfach nicht widerstehen.

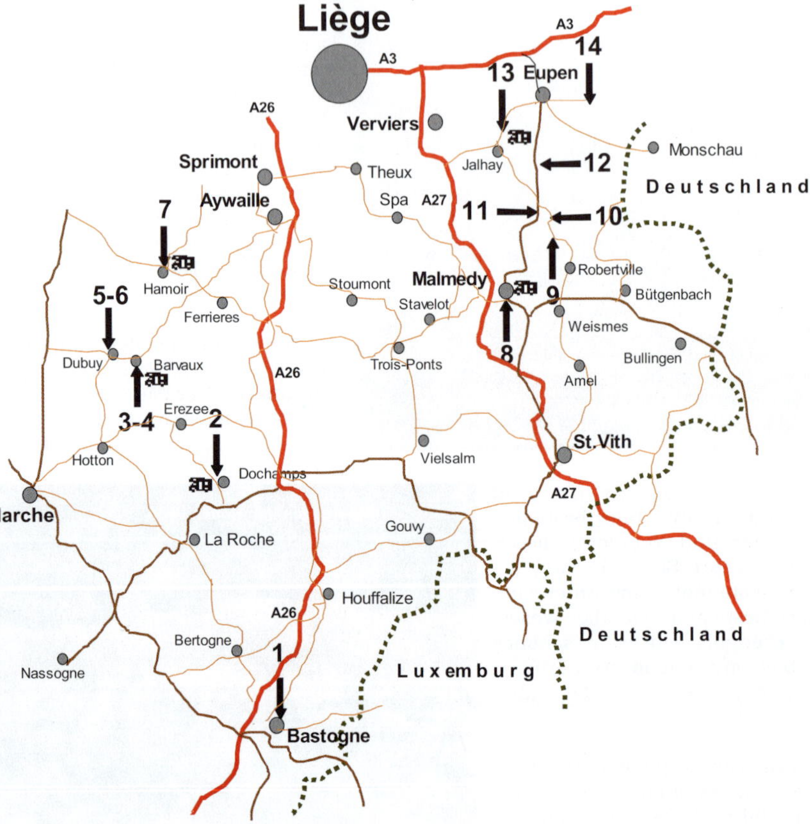

Tour 2

Belgische Ardennen

Tour 2: **In den Belgischen Ardennen**

Nr.	Ort, Bezeichnung	Stell-plätze A	Gast-haus	Häu-ser	WC	Bad See	Orts-nähe B	Ent-sorg.	Park-dauer C	Park-gebühr D
BA-1	Bastogne, Stadtmitte *	30	+	+	-	-	6	-	1	0
BA-2	Dochamps, Petit Suisse ***	5	+	+	+	-	10	+	1	P
BA-3	Barvaux, Ourthe Süd ***	50	+	+	-	+	5	-	1	0
BA-4	Barvaux, Ourthe Nord ***	10	+	+	-	+	5	-	1	0
BA-5	Durbuy-Rome, Adventure-Park **	50	-	+	-	-	x	-	1	0
BA-6	Durbuy, Pré Georgis **	30	-	-	-	-	20	-	1	0
BA-7	Hamoir, Ourthe-Ufer ***	10	+	+	-	-	6	-	1	0
BA-8	Malmedy, Stadtmitte **	10	+	+	+	-	4	+	1	0
BA-9	Robertville, Centre Nature ***	10	+	-	-	-	x	-	1	0
BA-10	Robertville, Signal de Botrange **	30	+	-	-	-	x	-	1	0
BA-11	Jalhay, Baraque Michel *	10	+	-	-	-	x	-	1	0
BA-12	Eupen, Hertogenwald **	10	-	-	-	-	x	-	1	0
BA-13	Jalhay, Lac de la Gilepp ***	20	+	-	-	-	x	-	1	0
BA-14	Eupen, Wesertalsperre ***	20	+	-	-	-	x	-	1	0

Legende

****	sehr ruhige und sehr schöne Lage.
***	sehr ruhige und schöne Lage.
**	ruhige und gute Lage.
*	keine ruhige Lage.
A	Stellplätze gestaffelt nach 3, 5, 10, 20, 30, 50 Wohnmobilen. Dabei wird angenommen, dass nur die Hälfte des Platzes zur Verfügung steht und die andere Hälfte durch PKW belegt ist.
B	Fußweg in Minuten, x über 15 min Fußweg.
C	Aufenthaltsdauer in Tagen.
D	Stellplatzgebühr in Euro pro Wohnmobil und 24 Stunden oder Parkgebühr.
P	Parkgebühr in der Saison.
T	Aufenthaltsdauer einige Tage.
U	Aufenthaltsdauer unbegrenzt.

(gelb) Parkplatz (grün) Wohnmobil-Stellplatz

Bastogne (Ardennen) Stadtmitte * BA - 1

Großparkplatz mit Randbäumen in der Nähe der Stadtmitte in guter Lage.

Bei Anfahrt von Luxemburg (N84) 800 m nach dem Ortsanfang im Kreisel halbrechts Richtung centre fahren (Rue Joseph Renquin). Nach 200 m links zum Platz abbiegen (**Avenue Albert I**). Noch 100 m.
Koordinaten: 49° 59,90' Nord, 5° 42,96' Ost.

Gaststätte am Platz.
Häuser am Platz.
Verkehrsreiche Straße in der Nähe.
Müllbehälter am Platz.
Ganzjährig zugänglich.
6 min Fußweg zur Ortsmitte.
Besichtigung von Bastogne: Porte de Trèves, Kirche St. Pierre, Mahnmal Ardennen-Schlacht, Kriegsmuseum, Denkmal General Patton, Museum der Ardennen.
Fahrt durch die Ardennen.
Fahrt nach Luxemburg.
Keine Parkplatzgebühr.
Stellmöglichkeiten für 30 Wohnmobile.
Ebene und leicht schräge, asphaltierte Stellflächen.
Hintere Parkflächen sind ruhiger.
Ausweichparkplatz am westlichen Ortsrand in ruhiger Lage.
Von der Ausfahrt Bastogne (54) der A26 nach 300 m links zum Platz abbiegen.

Dochamps (Ardennen) Petit Suisse *** BA - 2

Wohnmobilplatz mit Randbäumen vor dem Campingplatz in sehr ruhiger und schöner Lage.

Von der Ausfahrt La Roche (50) der A26 Richtung La Roche fahren (N89) und nach 8,3 km rechts Richtung Dochamps abbiegen (N841). Nach 2,6 km - 100 m nach dem Ortsanfang - rechts abbiegen (**Allée Bounire**). Noch 400 m bis zum Platz rechts.
Koordinaten: 50° 13,87' Nord, 5° 37,61' Ost.

Gaststätte auf dem Campingplatz und im Ort (500 m).
Häuser am Platz.
Ver- und Entsorgung auf dem Campingplatz.
Stromanschlüsse am Platz.
Müllbehälter am Platz.
Ganzjährig zugänglich.
10 min Fußweg zur Ortsmitte.
Besichtigung von Durbuy: Felsen La Felize, mittelalterliche Gassen, Schossburg Comtes d'Ursel, Klostermauer, Labyrinthus, Parc des Topiaires (Figuren aus Hecken).
Fahrt nach Bastogne.
Fahrt durch die Ardennen.
Stellplatzgebühr.
Stellmöglichkeiten für 5 Wohnmobile.
Leicht schräge, geschotterte Stellflächen.

Barvaux (Ardennen) Ourthe Süd *** BA - 3

Übernachtungsplatz am Ortsrand in sehr ruhiger und schöner Lage.

Bei Anfahrt aus dem Süden von Marche (N86) 1,1 km nach dem Ortsanfang (weißes Schild) rechts Richtung Liege fahren. Nach 100 m links Richtung Hamoir abbiegen. Nach der Ourthebrücke nach 200 m links dem P-Schild folgen (**Parc de Juliénas**). Noch 200 m bis zum Platz rechts hinter dem Tennisplatz. Bei Anfahrt von Durbuy 400 m nach dem Ortsanfang links Richtung Hamoir abbiegen. Dann wie oben.
Koordinaten: 50° 21,13' Nord, 5° 29,49' Ost.

Gaststätte am Platz.
Häuser in der Nähe.
Schwimmbad in der Nähe.
Minigolf am Platz.
Mülltonnen am Platz.
Ganzjährig zugänglich.
Zwei große Spielplätze am Platz.
Bänke und Tische am Platz.
5 min Fußweg zur Ortsmitte.
Wanderungen und Radtouren an der Ourthe.
Fahrradverleih am Platz.
Kanu-Verleih und geführte Kanu-Touren am Platz.
Besichtigung von Durbuy: Felsen La Felize, mittelalterliche Gassen, Schossburg Comtes d'Ursel, Klostermauer, Labyrinthus, Parc des Topiaires (Figuren aus Hecken).
Besichtigung der Grotten von Hotton.
Fahrt nach Bastogne.
Fahrt durch die Ardennen.
Keine Parkgebühr.
Stellmöglichkeiten für 50 Wohnmobile.
Geschotterte, ebene Stellflächen.

Barvaux (Ardennen) Ourthe Nord *** BA - 4

Übernachtungsplatz am Ortsrand in sehr ruhiger und schöner Lage.

Bei Anfahrt aus dem Süden von Marche (N86) 1,1 km nach dem Ortsanfang (weißes Schild) rechts Richtung Liege fahren. Nach 100 m links Richtung Hamoir abbiegen. Nach der Ourthebrücke nach 300 m rechts dem P-Schild folgen. Noch 100 m bis zum Platz links.
Koordinaten: 50° 21,18' Nord, 5° 29,67 Ost.

Gaststätte in der Nähe.
Häuser am Platz.
Schwimmbad am Platz.
Müllbehälter am Platz.
Ganzjährig zugänglich.
5 min Fußweg zur Ortsmitte.
Wanderungen und Radtouren an der Ourthe.
Fahrradverleih in der Nähe.
Kanu-Verleih und geführte Kanu-Touren in der Nähe.
Besichtigung von Durbuy: Felsen La Felize, mittelalterliche Gassen, Schossburg Comtes d'Ursel, Klostermauer, Labyrinthus, Parc des Topiaires (Figuren aus Hecken).
Besichtigung der Grotten von Hotton.
Fahrt nach Bastogne.
Fahrt durch die Ardennen.
Keine Parkgebühr.
Stellmöglichkeiten für 10 Wohnmobile.
Stellflächen auf Wiesengelände.

Durbuy-Rome (Ardennen) Adventure Park ** BA - 5

Parkplatz am Adventure Park in ruhiger Lage.

Bei Anfahrt aus dem Osten von Barvaux (N983) 700 m nach dem Ortsanfang Rome links zum Platz abbiegen. Bei Anfahrt aus dem Westen von Durbuy 200 m nach dem Ortsanfang rechts zum Platz abbiegen.
Koordinaten: 50° 20,42' Nord, 5° 27,32' Ost.

Häuser am Platz.
Mülltonnen am Platz.
Bänke und Tische am Platz.
Ganzjährig zugänglich.
Wohnmobil-Symbol führt zum Campingplatz.
Fahrrad-Verleih am Platz.
Wanderungen und Radtouren an der Ourthe.
Besichtigung von Durbuy: Felsen La Felize, mittelalterliche Gassen, Schossburg Comtes d'Ursel, Klostermauer, Labyrinthus, Parc des Topiaires (Figuren aus Hecken).
Kanu-Tour auf der Ourthe.
Besichtigung der Grotten von Hotton.
Fahrt nach Bastogne.
Fahrt durch die Ardennen.
Keine Parkgebühr.
Stellmöglichkeiten für 50 Wohnmobile.
Ebene, grob geschotterte Stellflächen.

Durbuy (Ardennen) Pré Georgis ** BA - 6

Parkplatz an der Ourthe in ruhiger und schöner Lage.

Bei Anfahrt aus dem Osten von Barvaux (N983) 800 m vor dem Ortsanfang links zum Platz abbiegen. Zum Parkplatz am Ortseingang rechts 500 m weiter fahren.
Koordinaten: 50° 20,81' Nord, 5° 26,55' Ost.

Mülltonnen am Platz.
Bushaltestelle am Platz.
Ganzjährig zugänglich.
Wohnmobil-Symbol führt zum Campingplatz.
20 min Fußweg zur Ortsmitte.
Wanderungen und Radtouren an der Ourthe.
Kanu-Verleih und geführte Kanu-Touren am Platz.
Besichtigung von Durbuy: Felsen La Felize, mittelalterliche Gassen, Schossburg Comtes d'Ursel, Klostermauer, Labyrinthus, Parc des Topiaires (Figuren aus Hecken).
Besuch des Adventure Parks in Rome.
Besichtigung der Grotten von Hotton.
Fahrt nach Bastogne.
Fahrt durch die Ardennen.
Keine Parkgebühr.
Stellmöglichkeiten für 30 Wohnmobile.
Ebene Stellflächen auf Rasengitter.

Hamoir (Ardennen) Ourthe-Ufer *** BA - 7

Übernachtungsplatz an der Ourthe mit Bäumen am Rand in sehr ruhiger und schöner Lage.

Bei Anfahrt aus dem Süden von Barvaux (N831) 500 m nach dem Ortsanfang rechts Richtung Liège fahren. Nach 100 m an der Vorfahrtstraße geradeaus fahren und nach weiteren 300 m rechts dem Wohnmobil-Symbol folgen. Nach 200 m links abbiegen. Noch 100 m bis zum Platz. Bei Anfahrt aus dem Westen von Huy in Hamoir rechs zur N654 abbiegen und der Hauptstraße folgen. Noch 1,1 km bis zum Wohnmobil-Symbol rechts. Dann wie oben.
Koordinaten: 50° 25,42' Nord, 5° 32,03' Ost.

Gaststätte am Platz.
Häuser am Platz.
Mülltonnen am Platz.
Bänke und Tische am Platz.
Ganzjährig zugänglich.
Kanu-Verleih und geführte Kanu-Touren am Platz.
6 min Fußweg zur Ortsmitte.
Wanderungen und Radtouren an der Ourthe.
Besichtigung von Durbuy: Felsen La Felize, mittelalterliche Gassen, Schossburg Comtes d'Ursel, Klostermauer, Labyrinthus, Parc des Topiaires (Figuren aus Hecken).
Besichtigung der Grotten von Hotton.
Fahrt nach Lüttich.
Fahrt nach Huy.
Fahrt durch die Ardennen.
Keine Parkgebühr.
Stellmöglichkeiten für 10 Wohnmobile.
Ebene, befestigte Stellflächen.

Malmedy (Ardennen) Stadtmitte ** BA - 8

Übernachtungsplatz im Ortszentrum in ruhiger Lage.

Bei Anfahrt aus dem Norden von Eupen (N68) 900 m nach dem Ortsanfang links Richtung Centrum fahren. Nach 100 m links Richtung Eupen abbiegen und nach weiteren 100 m rechts dem Parkplatz-Schild Busse/Wohnmobile folgen. Noch 100 m bis zum Platz.
Koordinaten: 50° 25,66' Nord, 6° 1,64' Ost.

Gaststätten und Geschäfte in der Nähe.
Häuser am Platz.
Entsorgung (Bodeneinlass) am Platz.
WC am Platz. Wasserversorgung.
Ganzjährig zugänglich.
4 min Fußweg zur Ortsmitte.
Besichtigung von Malmedy: Kathedrale Saints Pierre, Paul et Quirin Abtei, Maison de Cavens, Hausfassaden, Papiermuseum, Karnevalmuseum, Kalverienberg.
Wanderungen und Radtouren im Hohen Venn.
Fahrt nach Eupen und zu den Stauseen.
Fahrt nach Lüttich.
Fahrt durch die Ardennen.
Keine Parkgebühr.
Stellmöglichkeiten für 10 Wohnmobile.
Leicht schräge, asphaltierte Stellflächen.

Robertville (Eupen-Malmedy) Centre Nature de Botrange *** BA - 9

Parkplatz am Waldrand in sehr ruhiger und schöner Lage.

Von Eupen Richtung Malmedy fahren (N68) und am Ortsanfang Robertville (farbiges Schild) links Richtung Waimes abbiegen (N676). Nach 2,6 km rechts zum Centre Nature abbiegen. Noch 100 m bis zum Platz rechts. Koordinaten: 50° 29,58' Nord, 6° 5,95' Ost.

Gaststätte am Platz.
Information am Platz.
Müllbehälter am Platz.
Bushaltestelle in der Nähe.
Wanderungen und Radtouren im Hohen Venn.
Langlauf-Loipen in der Nähe.
Besichtigung von Malmedy: Kathedrale, Maison de Cavens, Kalvarienberg, Karnevalmuseum, Papiermuseum.
Besichtigung von Eupen: Stadtpaläste, Klösterchen, Markplatz, St. Nikolaus-Kirche, Stadtmuseum.
Fahrt nach Lüttich.
Keine Stellplatzgebühr.
Stellmöglichkeiten 10 Mobile.
Ebene und leicht schräge, gepflasterte Stellflächen.

Robertville (Eupen-Malmedy) Signal de Botrange ** BA - 10

Großparkplatz am Waldrand in ruhiger und schöner Lage.

Von Eupen Richtung Malmedy fahren (N68) und am Ortsanfang Robertville (farbiges Schild) links Richtung Waimes abbiegen (N676). Noch 1,5 km bis zum Platz rechts.
Koordinaten: 50° 30,05' Nord, 6° 5,59' Ost.

Gaststätte am Platz.
Information am Platz.
Müllbehälter am Platz.
Bushaltestelle am Platz.
Wanderungen und Radtouren im Hohen Venn.
Langlauf-Loipen in der Nähe.
Besichtigung von Malmedy: Kathedrale, Maison de Cavens, Kalvarienberg, Karnevalmuseum, Papiermuseum.
Besichtigung von Eupen: Stadtpaläste, Klösterchen, Markplatz, St. Nikolaus-Kirche, Stadtmuseum.
Fahrt nach Lüttich.
Keine Stellplatzgebühr.
Stellmöglichkeiten 30 Mobile.
Ebene, geschotterte Stellflächen.

Jalhay (Eupen-Malmedy) Baraque Michel * BA - 11

Wanderparkplatz am Waldrand in schöner Lage.

Von Eupen Richtung Malmedy fahren (N68) und 2,1 km nach der Abzweigung der N672 (von Jalhay) links zum Platz abbiegen.
Koordinaten: 50° 31,16' Nord, 6° 3,78' Ost.

Gaststätte und Imbiss am Platz.
Müllcontainer am Platz.
Bushaltestelle am Platz.
Verkehrsgeräusche durch Hauptstraße.
Wanderungen und Radtouren im Hohen Venn.
Langlauf-Loipen am Platz.
Besichtigung von Malmedy: Kathedrale, Maison de Cavens, Kalvarienberg, Karnevalmuseum, Papiermuseum.
Besichtigung von Eupen: Stadtpaläste, Klösterchen, Markplatz, St. Nikolaus-Kirche, Stadtmuseum.
Fahrt nach Lüttich.
Keine Stellplatzgebühr.
Stellmöglichkeiten 10 Mobile.
Ebene, befestigte und asphaltierte Stellflächen.

Eupen (Eupen-Malmedy) Hertogenwald ** BA - 12

Wanderparkplatz am Waldrand in schöner Lage.

Von Eupen Richtung Malmedy fahren (N68) und 3,9 km nach der Abzweigung der N620 (von Limbourg) im Kreisel links zum Platz abbiegen.
Koordinaten: 50° 37,93' Nord, 6° 1,57' Ost.

Einsame Lage.
Wanderungen und Radtouren im Hertogenwald und im Hohen Venn.
Besichtigung von Eupen: Stadtpaläste, Klösterchen, Markplatz, St. Nikolaus-Kirche, Stadtmuseum.
Besichtigung von Malmedy: Kathedrale, Maison de Cavens, Kalvarienberg, Karnevalmuseum, Papiermuseum.
Fahrt nach Lüttich.
Keine Stellplatzgebühr.
Stellmöglichkeiten 10 Mobile.
Leicht schräge, befestigte Stellflächen.

Jalhay (Eupen-Malmedy) Lac de la Gilepp *** BA - 13

Parkplatz an der Staumauer in sehr ruhiger und schöner Lage.

Von Malmedy Richtung Eupen fahren (N68) und 17 km nördlich von Malmedy links Richtung Verviers/Jalhay abbiegen (N672). Nach 6,6 km in Jalhay rechts Richtung Eupen fahren und nach weiteren 2,6 km rechts dem Wegweiser Barrage de la Gilepp folgen. Noch 700 m bis zum Platz. In Eupen zuerst Richtung Malmedy fahren (N68) und dann Richtung Limbourg/Jalhay abbiegen (N629). 4,6 km nach dem Ortsende Eupen links Richtung Jalhay abbiegen (N629). Nach 1 km dem Wegweiser Barrage de la Gilepp folgen. Noch 700 m. Koordinaten: 50° 35,26' Nord, 5° 58,18' Ost.

Blick auf den Stausee
Gaststätte im Aussichtsturm.
Bänke am Platz.
Müllkörbe am Platz.
Bushaltestelle am Platz.
Wanderungen und Radtouren am See und im Hertogenwald.
Besichtigung von Malmedy: Kathedrale, Maison de Cavens, Kalvarienberg, Karnevalmuseum, Papiermuseum.
Besichtigung von Eupen: Stadtpaläste, Klösterchen, Markplatz, St. Nikolaus-Kirche, Stadtmuseum.
Fahrt nach Lüttich.
Keine Stellplatzgebühr.
Stellmöglichkeiten 20 Mobile.
Ebene, asphaltierte Stellflächen.

Eupen (Eupen-Malmedy) Wesertalsperre *** BM - 14

Parkplatz an der Staumauer in sehr ruhiger und schöner Lage.

Von der Ausfahrt Eupen (38) der A3/E40 Richtung Eupen (N67), in Eupen Richtung Malmedy (N68) fahren und von der N68 Richtung Monschau abbiegen (N67). Nach 1,1 km links dem Wegweiser Wesertalsperre folgen (**Langesthal**). Nach 3,1 km links über die Staumauer fahren. Noch 600 m bis zum Parkplatz am Straßenende. Koordinaten: 50° 37,34' Nord, 6° 5,48' Ost.

Gaststätte mit Aussichtsturm am Platz.
Blick auf den Stausee
Bänke am Platz.
Müllkörbe am Platz.
Bushaltestelle am Platz.
Staumauer in der Nähe.
Wanderungen und Radtouren am See und im Hertogenwald.
Besichtigung von Eupen: Stadtpaläste, Klösterchen, Markplatz, St. Nikolaus-Kirche, Stadtmuseum.
Besichtigung von Malmedy: Kathedrale, Maison de Cavens, Kalvarienberg, Karnevalmuseum, Papiermuseum.
Fahrt nach Lüttich und Aachen.
Keine Stellplatzgebühr.
Stellmöglichkeiten 20 Mobile.
Ebene, asphaltierte Stellflächen.

Die "Hauptstadt" der Europäischen Union

Brüssel und Umgebung

Tour 3

Brüssel, eine europäische Metropole, ist der Sitz der Europäischen Kommission. Entscheidungen über die europäische Politik werden in dieser Stadt getroffen. Brüssel hat aber auch viele berühmte Attraktionen, z. B. den Grand-Place, das Manneken-Pis und das Atomium. Bevor wir Brüssel besuchen, fahren wir nach Waterloo südlich der Metropole, zum Denkmal der Schlacht von

Das Atomium

Maison du Roi am Grand-Place

Waterloo, in der Engländer und Preußen die Franzosen besiegten und damit endgültig das Schicksal Napoleons besiegelten. Der 45 Meter hohe, weithin sichtbare Butte du Lion (Löwenhügel) führt uns sicher zu den Park- und Übernachtungsplätzen (BR-1). Im Besucherzentrum und im Museum informieren wir uns über den Ablauf dieser denkwürdigen Schlacht. Im Musée de Cire begrüßen uns Napoleon, Wellington, Blücher in ihren prächtigen Uniformen und einfache Soldaten, alle originalgetreu in Wachs modelliert. Über das Schlachtfeld verstreut erinnern mehrere Denkmäler an die einzelnen Truppenteile der Verbündeten. "Ich wollte es wäre Nacht oder die Preußen kämen" flehte der stark in Bedrängnis geratene Wellington und die Preußen unter Blücher kamen und entschieden die Schlacht.

Manneken Pis

Wir übernachten ruhig am Butte du Lion und fahren am nächsten Morgen mit dem Schnellbus von der nahe gelegenen Haltestelle am Touristenbüro zum Gare de Midi in Brüssel.

Butte du Lion

Brüssel und Umgebung

Für einen Besuch Brüssels eignen sich noch besser die Plätze in Grimmbergen, wo man auf dem großen Platz am Sportplatz ruhig übernachtet und am Heysel-Stadion im Norden der Stadt parkt (BR-2, **BR-3** und BR-4). In 10 Minuten sind wir mit der U-Bahn 1A in der Stadtmitte. Am nahen Atomium hält der Sightseeing-Bus und fährt die Touristen zur Stadtrundfahrt und zum Atomium zurück.

979 wurde Bruoscella (Siedlung im Sumpf) erstmals erwähnt. Im Mittelalter blühte die Stadt am Handelsweg zwischen England und Deutschland auf. Prächtige Häuser entstanden am Grote Markt durch die stolzen und reichen Zünfte. 1830 entstand durch einen Volksaufstand das Königreich Belgien. 1958 lockten das Atomium und die Weltausstellung Millionen von Besuchern nach Brüssel. 1959 wurde Brüssel der Sitz der EWG, der Europäischen Wirtschaftgemeinschaft.

Das Atomium strahlt heute in neuem Glanz und zieht noch immer Millionen von Touristen aus alle Welt an. Lange Schlangen warten auf Einlass, Gaukler vertreiben den geduldig Wartenden die Zeit. Eisverkäufer machen ein gutes Geschäft. Im Atomium, ein Eisenkristallmolekül in 165-milliardenfacher Vergrößerung, führen Rolltreppen zu den Ausstellungen in den 9 Kugeln. Für die Wartezeit wird man mit einem atemberaubenden Ausblick über die Stadt belohnt.

Von der Metrostation "De Bronckere" schlendern wir zunächst an der Börse vorbei. Das Relief im Giebel, die 6 korinthischen Säulen und rechts und links je ein mächtiger Löwe geben dem 1873 im neo-klassizistischen Stil erbauten Gebäude ein imposantes Äußeres. Wir bummeln zum Grand-Place, der goldenen Mitte Brüssels. Goldene Fassaden säumen die gotischen und barokken Prachtbauten. Majestätisch beherrscht das gotische Rathaus mit dem 96 Meter hohen Belfried den Platz. Kaum weniger beeindruckend erhebt sich gegenüber das Maison du Roi (Haus des Königs). In einem malerischen Ensemble vereinigen sich die anderen Zunfthäuser. Diese Prachtbauten, diesen Luxus konnten sich die Brüsseler Handwerker in alten Zeiten leisten und haben uns dadurch ein wundervolles Ortsbild hinterlassen.

Wir bummeln durch die Gassen zum Wahrzeichen der Stadt, zum Manneken-Pis. Viele enge Gassen führen vom Platz in die Altstadt. In etlichen Gassen reiht sich Lokal an Lokal, ausgesprochene "Fressgassen". Tische und Stühle stehen vor den Türen und den appetitlichen Auslagen von verschiedenen Fischsorten, Garnelen, Krabben und Muscheln auf Tabletts und in Holzkistchen kann man nur schwer widerstehen. Aber auch nicht den kalorienreichen belgischen Pralinen, die frisch abgewogen oder in Geschenkkartons verkauft werden. Nach einigen Kostproben von diesen dunklen, hellbraunen oder weißen Köstlichkeiten hilft nur noch Hochprozentiges dem gestressten Magen.

Das "Manneken Pis" pinkelt noch genau so wie bei unserem Besuch vor 40 Jahren und zieht noch genau so viele Weltenbummler an wie der Grand-Place. Warum ist dieser kleine pinkelnde Bronze-Junge nur so berühmt geworden? Er steht - Gott sei Dank - sicher hinter einem Zaun, sonst wäre ein Körperteil an ihm sicher genau so blank gegrabscht wie der Busen der Julia in Verona.

Brüssel und Umgebung

Der Grote Markt in Brüssel

Auf einem der sanften Hügel Brüssels steht die "Kathedrale Saint-Michel". Brabanter Gotik, Frühgotik (Langhaus) und flämisch gotischer Stil (die stumpfen Türme) sind harmonisch miteinander verschmolzen. Die Darstellungen auf den kostbaren, bleiverglasten Kirchenfenstern wirken zum Teil dreidimensional auf uns. Die Vertreibung aus dem Paradies zeigt uns die barokke holzgeschnitzte Kanzel.

Nördlich von Brüssel übernachten wir am nächsten Tag am Erholungspark De Nekker in Mechelen (**BR-5**). Der weithin sichtbare, 97 Meter hohe Turm der St.-Rombouts-Kathedrale ist das Wahrzeichen dieser sehenswerten Stadt. Apostelfiguren schmücken im Inneren die Pfeiler der Kirchenschiffe. Das kuriose Rathaus entstand aus der Tuchhalle, der Stumpf des Belfrieds wurde aus Geldmangel nur mit zwei kleinen Türmchen versehen. Andere Sehenswürdigkeiten sind der malerische Vismarkt, das Schepenhuis, das Huis De Zalm, der Palais der Margarete von York, die Residenz der Margarete von Österreich, der Begijnhof, die Kirche Onze-Lieve-Vrouw und das wuchtige Brüsseler Tor.

In Aalst dürfen wir auf einem zentral gelegenen Parkplatz mit dem Mobil stehen (BR-6) und schlendern von hier zum "Grote Markt" mit dem Denkmal des Buchdruckers Dirk Martens, der unter anderem Christof Columbus Entdeckungsreise gedruckt haben soll. Das Oude Schepenhuis mit einem vorgebauten Gebetshaus und verspielt wirkendem Belfried (Turm) im flämisch-gotischen Stil ist neben der alten Börse, einst Zweigstelle der Amsterdamer Börse, um 1630 in flämischer Renaissance erbaut, die größte Sehenswürdigkeit in Aalst. Einen kurzen Fußweg weiter erreichen wir die St.- Martinuskerk, die z. Z. frisch gesandstrahlt wird. Viele Kunstwerke können wir hier bewundern, u. a. Gemälde von Rubens, ein marmornes Sakramentshaus in drei Etagen, eine holzgeschnitzte Kanzel. Die gewaltige Kirche wirkt etwas zu groß geraten auf uns für Aalst. Natürlich werden auch wieder die frischen belgischen Pralinen mitgenommen! Nach dem Besuch von Aalst lenken wir unser fahrendes Hotel nach Nordosten, der belgischen Küste entgegen.

Der Grote Markt in Aalst

Tour 3

Brüssel und Umgebung

Tour 3: Brüssel und Umgebung

Nr.	Ort, Bezeichnung	Stell-plätze A	Gast-haus	Häu-ser	WC	Bad See	Orts-nähe B	Ent-sorg.	Park-dauer C	Park-gebühr D
BR-1	Waterloo, Butte du Lion ***	20	+	+	-	-	x	-	1	0
BR-2	Grimmbergen, Sportplatz **	10	-	+	-	-	12	-	1	0
BR-3	Grimmbergen, Ortsparkplatz *	5	+	+	-	-	8	-	1	0
BR-4	Brüssel, Heysel Stadion **	10	-	+	-	-	x	-	1	3,50
BR-5	Mechelen De Nekker ***	10	-	+	-	+	x	-	1	0
BR-6	Aalst, Houtmarkt *	5	+	+	-	-	8	-	1	P

<u>Legende</u>

****	sehr ruhige und sehr schöne Lage.
***	sehr ruhige und schöne Lage.
**	ruhige und gute Lage.
*	keine ruhige Lage.
A	Stellplätze gestaffelt nach 3, 5, 10, 20, 30, 50 Wohnmobilen. Dabei wird angenommen, dass nur die Hälfte des Platzes zur Verfügung steht und die andere Hälfte durch PKW belegt ist.
B	Fußweg in Minuten, x über 15 min Fußweg.
C	Aufenthaltsdauer in Tagen.
D	Stellplatzgebühr in Euro pro Wohnmobil und 24 Stunden oder Parkgebühr.
P	Parkgebühr in der Saison.
T	Aufenthaltsdauer einige Tage.
U	Aufenthaltsdauer unbegrenzt.
(gelb)	Parkplatz
(grün)	Wohnmobil-Stellplatz

Waterloo Butte du Lion *** BR - 1

Parkplatz am Denkmal zur Schlacht bei Waterloo in sehr ruhiger und schöner Lage.

Von der Ausfahrt Butte du Lion (25) der Autobahn RO Brüsseler Ring)Richtung Butte du Lion fahren (N27) und nach 400 m links Richtung Butte du Lion abbiegen. Noch 600 m bis zum P2 rechts und zum P3 links. Bei Anfahrt aus dem Süden von der N25 Richtung Waterloo abbiegen (N5) und nach 6,8 km links dem Wegweiser Butte du Lion folgen. Nach 500 m rechts zum P3 und links zum P2 abbiegen.
Koordinaten: 50° 40,76' Nord, 4° 24,39' Ost.

Gaststätten am Platz.
Häuser am Platz.
Bänke und Tische am Platz.
Ganzjährig zugänglich.
Besichtigung der Denkmal-Anlage: Hügel mit Löwe, Ausstellung, Diarama, Museum, Wachsfiguren, Film über die Schlacht.
Tour mit dem Kleinbus zu den einzelnen Schlachtfeldern.
Besichtigung von Brüssel: Grande Place, Rathaus, Maison du Roi, Bourse, Manneken Pis, Cathédrale St-Michel, Palais Royal, Palais de Justice, Kunst in der Metro, Atomium, Bruparck.
Fahrt nach Waterloo.
Keine Stellplatzgebühr.
Stellmöglichkeiten für 20 Wohnmobile.
Ebene, befestigte Stellflächen.
P1 für die Übernachtung nicht geeignet.

Grimbergen (Flämisch Brabant) Sportplatz ** BR - 2

Parkplatz am Sportplatz in ruhiger und schöner Lage.

Von der Ausfahrt Grimbergen (7) des Autobahnringes RO um Brüssel Richtung Grimbergen fahren (N202) und nach 1,1 km (**Brusselsesteenweg**) - 300 m nach dem Ortsanfang - links zum Parkplatz abbiegen. Koordinaten: 50° 55,67' Nord, 4° 21,96' Ost.

Sportplatz und Bäcker am Platz.
Häuser am Platz.
Ganzjährig zugänglich.
12 min Fußweg zur Ortsmitte.
Besichtigung von Brüssel: Grande Place, Rathaus, Maison du Roi, Bourse, Manneken Pis, Cathédrale St-Michel, Palais Royal, Palais de Justice, Kunst in der Metro, Atomium, Bruparck.
Fahrt nach Waterloo.
Keine Stellplatzgebühr.
Stellmöglichkeiten für 10 Wohnmobile.
Leicht schräge, asphaltierte Stellflächen.

Grimbergen (Flämisch Brabant), Terwilgen ** BR - 3

Übernachtungsplatz im Ort in guter Lage.

Von der Ausfahrt Grimbergen (7) des Autobahnringes RO um Brüssel Richtung Grimbergen fahren (N202) und nach 1,2 km - 400 m nach dem Ortsanfang - rechts abbiegen. Noch 300 m bis zum Platz rechts.

Gaststätten in der Nähe.
Häuser am Platz.
Sporthalle in der Nähe.
Ganzjährig zugänglich.
Aufenthaltsdauer 24 Stunden.
8 min Fußweg zur Ortsmitte.
Besichtigung von Brüssel: Grande Place, Rathaus, Maison du Roi, Bourse, Manneken Pis, Cathédrale St-Michel, Palais Royal, Palais de Justice, Kunst in der Metro, Atomium, Bruparck.
Fahrt nach Waterloo.
Keine Stellplatzgebühr.
Stellmöglichkeiten für 5 Wohnmobile.
Leicht schräge, asphaltierte Stellflächen.
Stellplätze manchmal durch Pkw belegt.

Brüssel (Brüssel) Heizel Stadion ** BR - 4

Parkplatz am Stadion und an der Metro in ruhiger Lage.

Von der Ausfahrt Grimbergen (7a) des Autobahnringes RO um Brüssel Richtung Expo fahren und nach 500 m den linken Parkplatz-Schildern folgen und nach 100 m an der Ampel links Richtung Atomium fahren. Nach 1 km rechts an der Ampel abbiegen und nach 100 m wieder rechts Richtung Atomium abbiegen (**Esplanade**). An den Parkplätzen Atomium vorbei fahren und nach 900 m links durch das offene Tor zum Platz abbiegen.
Koordinaten: 50° 53,84' Nord, 4° 20,12' Ost.

Bruparck (Freizeitcenter, Minidom, Kinopolis) am Platz.
Atomium in der Nähe.
Metro-Station Heizel am Platz.
Linie 1A zur Stadtmitte. 10 min Fahrzeit. 1,50 €.
Tor meistens geöffnet.
Touristikbusse vom Atomium zur Stadtmitte.
Rundfahrten 13-16 €.
Besichtigung von Brüssel: Grande Place, Rathaus, Maison du Roi, Bourse, Manneken Pis, Cathédrale St-Michel, Palais Royal, Palais de Justice, Kunst in der Metro, Atomium, Bruparck.
Fahrt nach Waterloo.
Stellplatzgebühr 3,50 € in der Saison.
Stellmöglichkeiten für 10 Wohnmobile.
Ebene, befestigte Stellflächen mit kurzen Beton-Randstreifen.

Mechelen (Flämisch Brabant) De Nekker *** BR - 5

Übernachtungsplatz am Erholungspark in sehr ruhiger und schöner Lage.

Bei der Anfahrt aus der Stadt Richtung Heist fahren (N15) und 400 m nach der Flussbrücke rechts zum Parkplatz abbiegen. Noch 100 m bis zum Platz (**Spuibeekstraat**). Bei Anfahrt aus dem Osten von Heist (N15) 1,3 km nach dem letzten Kreisel in Bonheiden links zum Platz abbiegen.
Koordinaten: 50° 55,67' Nord, 4° 21,96' Ost.

Häuser am Platz.
Ganzjährig zugänglich.
Sport- und Erholungspark am Platz.
Sporthalle in der Nähe.
Bushaltestelle am Platz. Linie 2. Alle 20 min zur Stadtmitte.
Besichtigung von Mechelen: St.-Rombouts-Kathedrale, Brusselpoort, Rathaus, Schepenhuis, Vismarkt, Begijnhof, Duivelshuis.
Besichtigung von Lier: Grote Markt, Rathaus, Belfried, Vleeshuis, Gevangenenpoort, Zimmerturm mit Jubiläumsuhr, Begijnhof.
Besichtigung von Brüssel: Grande Place, Rathaus, Maison du Roi, Bourse, Manneken Pis, Cathédrale St-Michel, Palais Royal, Palais de Justice, Kunst in der Metro, Atomium, Bruparck.
Fahrt nach Waterloo.
Keine Stellplatzgebühr.
Stellmöglichkeiten für 10 Wohnmobile.
Ebene und leicht schräge, befestigte Stellflächen.

Aalst (Ostflandern) Houtmarkt * BR - 6

Parkplatz am Stadtzentrum.

Von der Ausfahrt Aast (19) der A10/E40 Richtung Aalst fahren (N45) und nach 1,1 km - 100 m nach dem Ortsanfang - im Kreisel halbrechts Richtung Asse fahren (Parklaan). Nach weiteren 1,3 km links und nach 100 m wieder links Richtung P **Houtmarkt** fahren. Nach 100 m rechts abbiegen und nach 50 m links zur Einfahrt abbiegen.
Koordinaten: 50° 56,07' Nord, 4° 2,61' Ost.

Gaststätten, Lebensmittel- und andere Geschäfte am Platz.
Häuser am Platz.
Verkehrsgeräusche durch nahe Straßen.
Ganzjährig zugänglich.
8 min Fußweg zur Ortsmitte, 12 min zum Grote Markt.
Besichtigung von Aalst: Oud-Schepenhuis (Schöffenhaus), Belfried, Börse von Amsterdam, Bronzestatue Dirk Martens, Stadhuis, St.-Martinuskerk mit dreitürmigem Sakramentshaus.
Fahrt nach Brüssel.
Parkgebühr 9-18.00 Uhr.
Stellmöglichkeiten für 5 Wohnmobile.
Ebene, asphaltierte und gepflasterte Stellflächen.

An der belgischen Küste
Westflandern
Tour 4

In Harelbeke an der Sporthalle haben wir eine ruhige Nacht verbracht (**WF-1**). Auf dem "Grote Markt" von Diksmuide begrüßt uns zunächst das goldene "Männchen im Mond". Diksmuide wurde im 1. Weltkrieg größtenteils zerstört und erst 1918 im alten Stil wieder erbaut. Da hatten die Stadtväter eine weise Idee, denn der Charme des Städtchens ist durch die sehenswerten Fassaden erhalten geblieben. Durch enge Gassen radeln wir über den Fischmarkt, wo eine Bronze-Fischfrau ständig Dienst hat, zum Beginenhof. Romantisch liegen die weißen Häuschen und die Kirche um einen grünen Innenhof gereiht. Am Kriegerdenkmal "Ijzertum" und Friedenstor "Paxpoort" bekommen wir heute am Sonntag keinen Parkplatz. Die Belgier gedenken hier ihrer 40000 Soldaten, die im ersten Weltkrieg ihr Leben lassen mussten. Vom 22 Stockwerke hohen Friedensturm hat man eine herrliche Aussicht über das Polderland. Im Ort bieten sich drei Plätze für eine Übernachtung an **WF-2**, **WF-3** und WF-4).

Nur 6 km vor der französischen Grenze gehen wir in Veurne am Hafen vor Anker und können am Steg unseren Tank mit Frischwasser auffüllen (**WF-5**). Belgien hat zwar schon viele Wohnmobil-Stellplätze, Ver- und Entsorgungsstationen fehlen jedoch. Wir satteln wieder unsere Stahlrösser und machen unsere Stadtrundfahrt. Auch hier ist der Grote Markt eine wahre Fundgrube für Kunst- und Architektur-Interessierte. Der ehemalige Gerichtshof mit Belfried von 1628, das Stadthuis und malerische Zunfthäuser bilden eine Theaterkulisse. Der gegenüberliegende Spanische Pavillon aus dem 15. Jahrhundert ist ein stattlicher Bau. In der St.-Niklaaskerk fotografieren wir einen steinernen Nikolaus, während vom gewaltigen Glockenturm das Geläut erschallt. Der Turm der St.-Walburgakerk wurde nie fertiggestellt. Die Kirche besitzt einen wertvollen Kirchenschatz, eine Kreuzreliquie, die einst aus Jerusalem mitgebracht worden sein soll.

De Panne, das bekannte und beliebte Bad an der belgischen Nordseeküste, hat zwar einen ausgewiesenen Wohnmobil-Stellplatz, aber leider ist dieser übervoll (**WF-6**). Wir weichen aus auf Koksijde (**WF-7** und **WF-8**). Bei einer langen Radtour auf der breiten Strandpromenade stellen wir fest, dass es hier überall genug Platz für Spaziergänger, Radfahrer und besondere Fahrräder - wir taufen sie Fahrradcabriolets - gibt, auf denen 4 bis 6 Personen sitzen können. Familien mit Kindern steuern geschickt durch die flanierenden Spaziergänger. Wir erreichen Nieuwpoort. Mitten in einem riesigen runden Bau steht das Reiterstandbild des Königs Albert I., der den Deutschen 1914 den Weg versperrte, indem er die Schleusen öffnen ließ. Leider verscheuchen uns überall Verbotsschilder, wir dürfen nirgends halten. Also beschließen wir, hier auch kein Geld auszugeben und fahren enttäuscht weiter, an den vielen “Hotelkasernen” vorbei und sind glücklich, dass wir in unserer kleinen Zwei-Zimmer-Wohnung mit Küche und Bad fahren dürfen wohin uns der Sinn steht.

Über die Touristenorte Westende und Mittelkerke (WF-9 und WF-10) fahren wir Richtung Oostende. Von dem Platz auf der Düne in Mittelkerke haben wir einen grandiosen Blick über den Strand und die Nordsee. Für eine Tour mit der Küstenstraßenbahn, die die ganze Küste abfährt, fehlt uns leider die Zeit. Oostende ist wohnmobilfreundlich und hat einen Parkplatz für die Touristengruppe Wohnmobilisten eingerichtet, doch leider sind die Plätze etwas kurz geraten. Wir dürfen aber ohne Strafe auf dem Busparkplatz daneben stehen (**WF-12**). Der Platz Parking Churchill liegt zwar sehr zentral, ist für uns aber zu laut (**WF-13**).

Neugotische Kirche in Oostende

Westflandern Für diese Stadt nehmen wir die Räder, die roten Fahrradwege machen unsere Tour ungefährlich. Radfahrer haben immer und überall Vorfahrt. Von weitem grüßt uns das markante Gebäude des Seebahnhofs. Im Hafenbecken dümpeln nicht nur die Museumsschiffe Mercator, der Dreimaster, und Amandine, ein Fischerboot "Ijslandvaarder", sondern prächtige und weniger prächtige, in die Jahre gekommene Freizeitjachten. Am "Visserskaai", immer am Wasser entlang, reiht sich an der Wasserseite Fischbude an Fischbude, während die andere Straßenseite mit Fischlokalen gespickt ist. Wir nutzen beides, mittags in der verglasten Terrasse eines Restaurants ein Fischgericht und ein braunes belgisches Bier, für abends bringen wir ein paar kleine Fischdelikatessen von der Bude mit heim auf dem Gepäckträger. Die breite Promenade radeln wir mehrere Kilometer entlang, am Sockel von König Leopold, am Casino und der ehemaligen Residenz des Königs vorbei. Der breite Sandstrand hat schon einige Menschen zum Sonnenbad eingeladen. Die Hotelanlagen stehen wir Kästen aneinandergereiht, kein ansprechender Baustil. Die große, 1907 erst im neugotischen Stil erbaute "St.-Petrus-en-Pauluskerk" ist ein beeindruckendes Bauwerk. Der Turm hinter der Kirche wird im Volksmund Pfefferbüchse genannt und ist Teil einer Vorgängerkirche.

Auf der Seepromenade

Am Nordseestrand

Nachtquartier beziehen wir auf dem Parkplatz von "Domein Raversijde", eine Art Freilichtmuseum mit mittelalterlichem Fischerdorf, Atlantikwall mit im Original erhaltenen deutschen Verteidigungsanlagen aus dem ersten und zweiten Weltkrieg, sowie das Museum des beliebten Prinz Karel, der Belgien einige Zeit regierte (**WF-11**).

Zwischen den Orten Bredene, De Haan und Wenduiner fahren wir an hohen, bewachsenen Dünen entlang. Übergänge gibt es nur für Fußgänger und Plätze für mobile Gäste sind leider nicht vorhanden. In Bredene kann man am Sportzentrum in der Nähe eines Sees übernachten (**WF-14**).

Obwohl die farbigen Holz-Badehütten in Blankenberge noch alle leer sind, flanieren schon viele Touristen vor den hohen Hotels an der Promenade. Ab und zu ducken sich schnuckelige alte, wohl denkmalgeschützte Häuschen wie Zwerge zwischen den Hotelriesen. Flair hat diese Promenade für uns nicht, doch stadteinwärts rund ums Hafenbecken ist es interessant wie in jedem Hafen. Boote, ein Park, lebensgroße Bronzefiguren und Skulpturen und vor allem überall Fahrradwege. Einen ruhigen Übernachtungsplatz hat die Gemeinde am Ortsrand eingerichtet (**WF-15**).

Von Zeebrugge sehen wir vor allem den Hafen, der nicht nur größter Fischereihafen Belgiens ist, sondern auch internationaler Fähr- und Jachthafen. Beim Fischereihafen befindet sich der "Seafront-Maritim-Themenpark" mit ausgedientem russischen U-Boot, dem Feuerschiff Westhinder und dem Aquastrip mit sehenswerter Unterwasserwelt. Unser Bummel an der Strandpromenade führt uns bis zum Leuchtturm am Ende der Hafenmole. Der Mobilplatz in Zeebrücke ist etwas klein geraten (**WF-17**). Am Museum Seafront und am Fischereihafen gibt es aber große Parkplätze, die ebenfalls für eine Übernachtung geeignet sind (WF-16 und WF-18).

Schöner als andere Windmühlen erscheint uns die Mühle von Damme an der Eulenspiegelroute direkt am Kanal gelegen (**WF-19**). An der anderen Seite des Kanals erinnern Bronzefiguren an die Streiche des Eulenspiegels. Damme war früher der Seehafen von Brügge, verlandete aber in den folgenden Jahrhunderten.

Eine Windmühle bei Damme

Wohlhabende Bürger haben in Brügge prachtvolle Patrizier- und Zunfthäuser hinterlassen. Seit einigen Jahren ist der mittelalterliche Stadtkern Weltkulturerbe der UNESCO. Vom 9. Jh. bis zum 15. Jh. wuchs Brügge aus einer Burg zur reichen Hafenstadt heran. Heute können die Touristen die Sehenswürdigkeiten per Touristenbus, Pferdekutsche oder Boot erkunden. Wir entscheiden uns für einen Fußmarsch. Von Brügges stark frequentiertem Stellplatz (**WF-20**) erreichen wir über eine moderne Brücke und durch eine Parkanlage am gotischen Schleusenhaus vorbei an den ersten Grachten den Begijnhof en Wijngaarden. Einst von Beginen, unverheirateten Frauen bewohnt, sehen wir heute Benediktinerinnen aus den kleinen weißen Häusern kommen und zum Stundengebet in das kleine Kirchlein gehen.

Häuserzeile in Brügge

Auf dem Markplatz bewundern wir die grandiosen Tuchhalle mit 88 m hohem Belfried. An die Brügger Mette erinnert ein Denkmal zweier Freiheitskämpfer in der Mitte des Platzes. Am nächsten Platz, Burgplein, finden wir das Stadthuis. Flandrische Grafen und Spitztürmchen schmücken die Fassade. Der gotische Ratssaal ist kunstvoll ausgeschmückt im Deckengewölbe und an den Wänden. Im Brügger Freihof, Paleis van het Brugse Vrije im klassizistisch-barocken Stil, finden wir die Touristeninformation. Zwischen beiden Gebäuden sind zwei außergewöhnliche Kirchen zu bewundern. Über der schlichten, romanischen St. Baseliuskapelle, die uns ganz besonders berührt und beeindruckt hat, erreichen wir über ein Treppenhaus die Heilig-Blut-Basilika. Viele Bilder in Rottönen und Gold schmücken die Wände. Ein ganz anderer Eindruck als in der darunter liegenden Basilika. Kreuzfahrer sollen Tropfen von Christi Blut mitgebracht haben. An manchen Tagen - so auch heute - wird das Glasgefäß den Gläubigen gezeigt. Eine Spende dafür wird gern genommen. Wir sehen in dem Gefäß eine feste, blasse, mehrfarbige Masse. Nach jeder Berührung wird die kostbare Reliquie mit einem weißen Spitzentuch abgewischt. Auf dem Fischmarkt und bei den vier historischen Windmühlen endet unser Bummel durch Brügge.

Am Strand von Oostende

In Eeklo am Jachthafen beenden wir unsere Tour durch Westflandern (**WF-21** und WF-22).

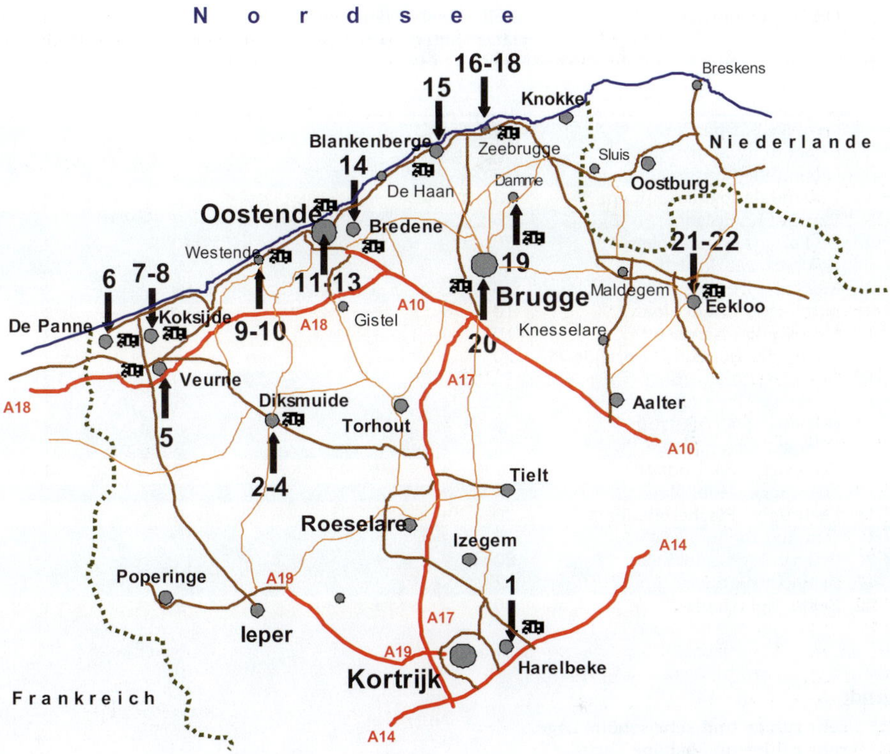

Tour 4

Westflandern

Tour 4: **In Westflandern**

Nr.	Ort, Bezeichnung	Stell-plätze	Gast-haus	Häu-ser	WC	Bad See	Orts-nähe	Ent-sorg.	Park-dauer	Park-gebühr
		A					B		C	D
WF-1	Harelbeke, Sporthalle ***	5	-	+	-	-	x	-	1	0
WF-2	Diksmuide, Schwimmbad **	3	-	+	+	+	6	-	1	0
WF-3	Diksmuide, Touristenplatz **	10	-	+	-	-	15	-	1	0
WF-4	Diksmuide Ijzermonument **	3	+	+	-	-	x	-	1	0
WF-5	Veurne, Kaaiplaats **	10	-	+	-	-	8	-	1	0
WF-6	De Panne, Koningsplein **	20	-	+	-	-	10	-	1	0
WF-7	Koksijde, Marktplein **	20	-	+	-	-	15	-	1	0
WF-8	Koksijde, kerkplein **	20	-	+	-	-	10	-	1	0
WF-9	Mittelkerke, Badenlaan **	10	+	+	-	-	10	-	1	0
WF-10	Mittelkerke, Nordsee **	10	+	+	-	+	x	-	1	0
WF-11	Oostende, Domain Raversijde **	20	+	+	-	-	x	-	1	0
WF-12	Oostende, Zentrum **	10	-	+	-	-	10	-	1	0
WF-13	Oostende, Parking Churchill *	10	+	+	-	-	5	-	1	9,80
WF-14	Bredene, Sportzentrum **	5	-	+	-	-	x	-	1	0
WF-15	Blankenberge, Sealife **	20	-	+	-	-	8	-	1	0
WF-16	Zeebrugge, Seafront **	5	+	+	-	-	8	-	1	0
WF-17	Zeebrugge, Mobilplatz **	8	+	+	-	+	8	-	1	0
WF-18	Zeebrugge, Fischereihafen **	30	+	+	+	-	8	-	1	0
WF-19	Damme, Damse-Suid **	5	-	+	-	-	10	-	1	0
WF-20	Brügge, Wohnmobilplatz **	20	-	+	-	-	12	+	1	0
WF-21	Eeklo, Jachthafen *	3	-	+	-	-	x	+	1	3
WF-22	Eeklo, Sporthalle **	30	-	+	-	-	x	-	1	0

Legende

**** sehr ruhige und sehr schöne Lage.
*** sehr ruhige und schöne Lage.
** ruhige und gute Lage.
* keine ruhige Lage.
A Stellplätze gestaffelt nach 3, 5, 10, 20, 30, 50 Wohnmobilen. Dabei wird angenommen, dass nur die Hälfte des Platzes zur Verfügung steht und die andere Hälfte durch PKW belegt ist.
B Fußweg in Minuten, x über 15 min Fußweg.
C Aufenthaltsdauer in Tagen.
D Stellplatzgebühr in Euro pro Wohnmobil und 24 Stunden oder Parkgebühr.
P Parkgebühr in der Saison.
T Aufenthaltsdauer einige Tage.
U Aufenthaltsdauer unbegrenzt.
(gelb) Parkplatz (grün) Wohnmobil-Stellplatz

Harelbeke (Westflandern) Sporthalle *** WF - 1

Übernachtungsplätze am Ortsrand in sehr ruhiger und schöner Lage.

Von der Ausfahrt Deerlijk (4) der A14/E17 Richtung Harelbeke fahren (N36) und nach 3 km links Richtung Stasegem abbiegen. Nach 1,9 km - 1,4 km nach dem Ortsanfang - links im Kreisel Richtung Stasegem abbiegen (**Stasegemsesteenweg**). Nach 200 m links dem Mobil-Symbol folgen. Noch 100 m.
Koordinaten: 50° 50,78' Nord, 3° 18,66' Ost.

Häuser am Platz.
Spielplatz und Minigolf am Platz.
Besichtigung Kortrijk: Grote Markt, Rathaus, Belfried,
St. Maartens-Kirche, Onze-Liewe-Vrouwkerk,
Beginenhof, Flachsmuseum, Spitzenmuseum.
Wanderungen und Radtouren im Gebiet Ijzer und Polder.
Bootsfahrt und Kajaktouren auf der Leie.
Fahrt zur Küste.
Fahrt nach Ieper und Gent.
Keine Stellplatzgebühr.
Stellmöglichkeiten 5 Mobile, 2 ausgewiesen.
Ebene, asphaltierte Stellflächen.
Ausweichmöglichkeiten auf den Grasflächen.

Diksmuide (Westflandern) Schwimmbad ** WF - 2

Übernachtungsplatz am Hallenbad in ruhiger und guter Lage.

Von Veurne Richtung Diksmuide fahren (N35) und 1,7 km nach dem Ortsanfang (weißes Schild) links Richtung Centrum , über den Grote Markt fahren (3,5 t) und danach nach 500 m links abbiegen. Nach 300 m rechts abbiegen (Grouwe Broeders Straat). Nach weiteren 200 m rechts abbiegen (**Laura Frederiklaan**). Noch 200 m bis zum Parkplatz rechts nach dem Schwimmbad. Von der Ausfahrt Middelkerke der E40 Richtung Diksmuide fahren und 200 m nach dem Ortsanfang links abiegen (Grouwe Broeders Straat). Dann wie oben. Koordinaten: 51° 2,03' Nord, 2° 52,17' Ost.

Häuser am Platz.
Hallenbad am Platz.
Bahnhof und Bahnlinie in der Nähe.
WC im Bahnhof.
Ganzjährig zugänglich.
6 min Fußweg zur Ortsmitte.
Besichtigung von Diksmuide: Grote Markt, Rathaus,
St. Nikolaus-Kirche, Mann im Mond, General Baron Jacques,
Beginenhof, Ijzerturm (Gefallenendenkmal),
Paxpoort (Friedenstor).
Wanderungen und Radtouren im Gebiet Ijzer und Polder.
Bootsfahrt und Kajaktouren auf der Ijzer.
Fahrt zur Küste.
Fahrt nach Ieper und Brügge.
Keine Stellplatzgebühr.
Stellmöglichkeiten für 3 Mobile.
Für große Mobile nicht geeignet. Nur für Mobile bis 5 t.
Ebene, gepflasterte Stellflächen.

Diksmuide (Westflandern) Touristenplatz ** WF - 3

Übernachtungsplatz am Ortsrand in sehr ruhiger Lage.

Von Veurne Richtung Diksmuide fahren (N35) und 1,6 km nach dem Ortsanfang (weißes Schild) links Richtung Lidl/Buitenbeenstje (kleines braunes Schild/Vaartstraat) abbiegen (Sackgasse ignorieren). Nach der Brücke nach 200 m links fahren (**Beerstblotenstraat**). Noch 100 m bis zum Platz rechts (Toeristische Parking). Koordinaten: 51° 2,07' Nord, 2° 51,56' Ost.

Häuser am Platz.
Ganzjährig zugänglich.
15 min Fußweg zur Ortsmitte.
Besichtigung von Diksmuide: Grote Markt, Rathaus, St. Nikolaus-Kirche, Mann im Mond, General Baron Jacques, Beginenhof, Ijzerturm (Gefallenendenkmal), Paxpoort (Friedenstor).
Wanderungen und Radtouren im Gebiet Ijzer und Polder.
Bootsfahrt und Kajaktouren auf der Ijzer.
Fahrt zur Küste.
Fahrt nach Ieper und Brügge.
Keine Stellplatzgebühr.
Stellmöglichkeiten für 10 Mobile.
Ebene und leicht schräge, befestigte Stellflächen.

Diksmuide (Westflandern) Ijzermonument ** WF - 4

Zwei **Parkplätze** am Fluss in ruhiger und schöner Lage.

Von Veurne Richtung Diksmuide fahren (N35) und 1,3 km nach dem Ortsanfang (weißes Schild) rechts vor der Brücke Richtung St-Jacobskapelle abbiegen. Noch 100 m bis zum ersten und 200 m bis zum zweiten Parkplatz. Koordinaten: 51° 1,96' Nord, 2° 51,24' Ost.

Gaststätten und Häuser in der Nähe.
Bootshafen und Denkmale des 1. Weltkriegs am Platz.
Am Wochenende und Feiertage nicht zugänglich. Durch Pkw belegt.
Besichtigung von Diksmuide: Grote Markt, Rathaus, St. Nikolaus-Kirche, Mann im Mond, General Baron Jacques, Beginenhof, Ijzerturm (Gefallenendenkmal), Paxpoort (Friedenstor).
Wanderungen und Radtouren im Gebiet Ijzer und Polder.
Bootsfahrt und Kajaktouren auf der Ijzer.
Fahrt zur Küste.
Fahrt nach Ieper und Brügge.
Keine Stellplatzgebühr.
Stellmöglichkeiten je 3 Mobile.
Für große Mobile nicht geeignet
Ebene, asphaltierte und geschotterte Stellflächen.

Veurne (Westflandern) Kaaiplaats ** WF - 5

Übernachtungsplatz am Yachthafen in ruhiger und guter Lage.

Von De Panne und Koksijde Richtung Veurne fahren und 1,5 km nach dem Ortsanfang (farbiges Schild) links Richtung Veurne Centrum abbiegen (Pannstraat). Nach 300 m rechts, nach weiteren 500 m im Kreisel links und nach 200 m rechts fahren. Nach weiteren 200 m links dem Wegweiser Centrum/Parkplatz Bus folgen (Lindendreef). Parkstreifen für kleine Mobile nach 100 m links. Nach weiteren 100 m Parkstreifen rechts und links am Kanal (**Kaaiplaats**).
Koordinaten: 51° 4,23' Nord, 2° 39,96' Ost.

Häuser am Platz.
Kanal und Boote am Platz.
Müllbehälter am Platz.
Trinkwasserentnahme am Bootssteg. Gebühr 0,50 € für 100 l.
Ganzjährig zugänglich.
Bushaltestelle in der Nähe.
8 min Fußweg zur Ortsmitte.
Wanderungen und Radtouren.
Besichtigung von Veurne: Grote Markt, St-Walpurgakerk, St-Niklaaskerk, Rathaus, Spanische Pavillion, Vleeshuis.
Besichtigung von Oostende: Seebahnhof, Dreimaster Mercator, Fischerboot Amandine, St.-Petrus-en-Pauluskerk, Visserkaai, Noordzeeaquarium, Vistrap, Weststaketsel, Seepromenade, Königliche Residenz, Königliche Galerien, Thermenpalast.
Fahrt entlang der belgischen Küste.
Keine Stellplatzgebühr.
Stellmöglichkeiten für 10 Mobile.
Ebene, gepflasterte Stellflächen.

De Panne (Westflandern) Koningsplein ** WF - 6

Wohnmobilplatz auf einem Großparkplatz in ruhiger und guter Lage.

Von Mittelkerke Richtung De Panne fahren (N34) und 1,6 km nach dem Ortsanfang im Kreisel links Richtung Veurne fahren. Nach 300 m rechts am Pkw-Parkplatz vorbei fahren. Noch 200 m bis zum Mobilplatz rechts. Koordinaten: 51° 5,71' Nord, 2° 35,13' Ost.

Häuser und Geschäfte am Platz.
Nebenstraße am Platz.
Müllbehälter am Platz.
Ganzjährig zugänglich. Aufenthaltsdauer 24 Stunden.
Wohnmobile immer anzutreffen.
10 min Fußweg zur Ortsmitte.
Wanderungen und Radtouren an der Küste.
Naturschutzgebiet De Westhoek
Besuch des Vergnügungsparks Melipark.
Besichtigung von Veurne: Grote Markt, St-Walpurgakerk, St-Niklaaskerk, Rathaus, Spanische Pavillion, Vleeshuis.
Besichtigung von Oostende: Seebahnhof, Dreimaster Mercator, Fischerboot Amandine, St.-Petrus-en-Pauluskerk, Visserkaai, Noordzeeaquarium, Vistrap, Weststaketsel, Seepromenade, Königliche Residenz, Königliche Galerien, Thermenpalast.
Fahrt entlang der belgischen Küste.
Keine Stellplatzgebühr.
Stellmöglichkeiten für 20 Mobile.
Ebene, asphaltierte Stellflächen mit Randbäumen.

Koksijde (Westflandern) Marktplein ** WF - 7

Übernachtungsplatz auf einem Großparkplatz im Ort in ruhiger und schöner Lage.

Von Mittelkerke Richtung De Panne fahren (N34) und 400 m nach dem Ortsanfang an der Ampel links abbiegen (Lejeunelaan). Nach weiteren 600 m im Kreisel halblinks Richtung Veurne fahren. Nach weiteren 1,1 km im Kreisel rechts Richtung De Panne fahren (Ter Duinenlaan) und nach 300 m rechts abbiegen (**Marktplein**). Noch 200 m bis zu den Parkplätzen rechts und links. Bei Anfahrt von De Panne (N34) 1,3 km nach dem Ortsanfang rechts Richtung Veurne abbiegen. Nach 300 m links abbiegen (Marktplein). Dann wie oben. Koordinaten: 51° 6,70' Nord, 2° 37,80' Ost.

Häuser und Kino am Platz.
Nebenstraßen am Platz.
Bänke und Müllkörbe am Platz.
Ganzjährig zugänglich.
Wohnmobile oft anzutreffen.
15 min Fußweg zum Strand. Wohnmobil-Verbot am Strand.
15 min Fußweg zur Ortsmitte.
Wanderungen und Radtouren an der Küste.
Besichtigung von Oostende: Seebahnhof, Dreimaster Mercator, Fischerboot Amandine, St.-Petrus-en-Pauluskerk, Visserkaai, Noordzeeaquarium, Vistrap, Weststaketsel, Seepromenade, Königliche Residenz, Königliche Galerien, Thermenpalast.
Fahrt entlang der belgischen Küste.
Keine Stellplatzgebühr.
Stellmöglichkeiten für 20 Mobile.
Ebene, asphaltierte Stellflächen mit Randbäumen.

Koksijde (Westflandern) Kerkplein ** WF - 8

Übernachtungsplatz auf einem Großparkplatz im Ort in ruhiger und schöner Lage.

Von Mittelkerke Richtung De Panne fahren (N34) und 400 m nach dem Ortsanfang an der Ampel links abbiegen (Lejeunelaan). Nach weiteren 600 m im Kreisel halblinks Richtung Veurne fahren. Nach 400 m wird rechts der Platz vor der Kirche erreicht (Kerkplein)
Koordinaten: 51° 6,79' Nord, 2° 38,13' Ost.

Häuser am Platz.
Nebenstraßen am Platz.
Ganzjährig zugänglich. Freitags von 5-15.00 Uhr wegen Markt gesperrt.
Wohnmobile oft anzutreffen.
10 min Fußweg zur Ortsmitte.
Wanderungen und Radtouren an der Küste.
Besichtigung von Oostende: Seebahnhof, Dreimaster Mercator, Fischerboot Amandine, St.-Petrus-en-Pauluskerk, Visserkaai, Noordzeeaquarium, Vistrap, Weststaketsel, Seepromenade, Königliche Residenz, Königliche Galerien, Thermenpalast.
Besichtigung von Brügge: Heilig-Blut-Basilika, Stadhuis, Tuchhalle mit 88 m hohen Belfried, Fischmarkt, Rozenhoedkaai, Onze-Lieve-Vrouwkerk, St. Salvator-Kathedrale, Begijnhof, Museen.
Keine Stellplatzgebühr.
Stellmöglichkeiten für 20 Mobile.
Ebene, asphaltierte Stellflächen.

Mittelkerke-Westende (Westflandern) Badenlaan ** WF - 9

Parkplatz am Ortsrand in ruhiger und guter Lage.

Von Mittelkerke Richtung De Panne fahren (N34) und 300 m nach dem Ortsanfang Westende (farbiges Schild) links an der Kirche abbiegen (**Badenlaan**). Noch 300 m bis zum Platz rechts. Bei Anfahrt aus dem Westen von De Panne 1 km nach der Abzweigung Westende Dorp rechts abbiegen (Badenlaan). Dann wie oben. Koordinaten: 51° 10,02' Nord, 2° 46,63' Ost.

Gaststätten in der Nähe. Häuser am Platz.
Nebenstraße am Platz.
Ganzjährig zugänglich.
10 min Fußweg zum Strand.
Wanderungen und Radtouren an der Küste.
Besichtigung von Oostende: Seebahnhof, Dreimaster Mercator, Fischerboot Amandine, St.-Petrus-en-Pauluskerk, Visserkaai, Noordzeeaquarium, Vistrap, Weststaketsel, Seepromenade, Königliche Residenz, Königliche Galerien, Thermenpalast.
Besichtigung von Brügge: Heilig-Blut-Basilika, Stadhuis, Tuchhalle mit 88 m hohen Belfried, Fischmarkt, Rozenhoedkaai, Onze-Lieve-Vrouwkerk, St. Salvator-Kathedrale, Begijnhof, Museen.
Keine Stellplatzgebühr.
Stellmöglichkeiten für 10 Mobile.
Ebene, asphaltierte Stellflächen.
Wohnmobil-Verbote in Nieuwpoort.

Mittelkerke-Westende (Westflandern) Nordsee ** WF - 10

Parkstreifen auf Dünengelände in ruhiger und schöner Lage.

Von Mittelkerke Richtung De Panne fahren (N34) und am Anfang der Bebauung rechts hinter der Tankstelle vor dem Hotel abbiegen. (**Pluvierstraat**). Nach 100 m rechts auf den Parkstreifen fahren (Einbahnstraße). Koordinaten: 51° 10,59' Nord, 2° 47,25' Ost.

Blick aufs Meer.
Gaststätten und Häuser in der Nähe.
Parkstraße am Platz.
Ganzjährig zugänglich. Wohnmobile oft anzutreffen.
Wanderungen und Radtouren an der Küste.
Besichtigung von Oostende: Seebahnhof, Dreimaster Mercator, Fischerboot Amandine, St.-Petrus-en-Pauluskerk, Visserkaai, Noordzeeaquarium, Vistrap, Weststaketsel, Seepromenade, Königliche Residenz, Königliche Galerien, Thermenpalast.
Besichtigung von Brügge: Heilig-Blut-Basilika, Stadhuis, Tuchhalle mit 88 m hohen Belfried, Fischmarkt, Rozenhoedkaai, Onze-Lieve-Vrouwkerk, St. Salvator-Kathedrale, Begijnhof, Museen.
Keine Stellplatzgebühr.
Stellmöglichkeiten für 10 Mobile.
Ebene, gepflasterte Stellflächen zwischen Promenade und Düne.
Wohnmobil-Verbote in Nieuwpoort.

Oostende-Raversijde (Westflandern) Domein Raversijde ** WF - 11

Parkplatz am Museumspark in schöner Lage.

Von Oostende Richtung Middelkerke fahren (N318) und 700 m nach dem Ortsende Oostende rechts zum Parkplatz Domein Raversijde abbiegen. Noch 100 m bis zu den Plätzen rechts und links.
Koordinaten: 51° 11,90' Nord, 2° 50,98' Ost.

Gaststätte am Platz. Häuser in der Nähe.
Straße am Platz. Geräuschbelästigung.
Tische und Bänke am Platz.
Ganzjährig zugänglich.
Besuch des Domein Raversijde: Erholungsgebiet, Atlantikwall, mittelalterliches Fischerdorf, Prinz-Karel-Museum.
Wanderungen und Radtouren an der Küste.
Besichtigung von Oostende: Seebahnhof, Dreimaster Mercator, Fischerboot Amandine, St.-Petrus-en-Pauluskerk, Visserkaai, Noordzeeaquarium, Vistrap, Weststaketsel, Seepromenade, Königliche Residenz, Königliche Galerien, Thermenpalast.
Besichtigung von Zeebrugge: Leuchtturm an der Hafenmole, Fischkutter, Luxusjachten, St. Georgs Memorial.
Besichtigung von Brügge: Heilig-Blut-Basilika, Stadhuis, Tuchhalle mit 88 m hohen Belfried, Fischmarkt, Rozenhoedkaai, Onze-Lieve-Vrouwkerk, St. Salvator-Kathedrale, Begijnhof, Museen.
Keine Stellplatzgebühr.
Stellmöglichkeiten für 20 Mobile.
Ebene, gepflasterte Stellflächen in Parkabschnitte eingeteilt.

Oostende (Westflandern) Parkplatz Zentrum ** WF - 12

Übernachtungsplatz am Busparkplatz in ruhiger und guter Lage.

Vom Schnellstraßenring R31 Richtung Centrum fahren und dem Schild Parkplatz Busse folgen. Nach 1,2 km rechts abbiegen (**Ravelijnstraat**) und dem Parkplatz-Schild nachfahren. Nach 300 m wird der Platz erreicht. Koordinaten: 51° 13,44' Nord, 2° 55,17' Ost.

Häuser am Platz.
Ganzjährig zugänglich. Aufenthaltsdauer 24 Stunden.
Wohnmobile immer anzutreffen.
10 min Fußweg zur Stadtmitte.
Wanderungen und Radtouren an der Küste.
Besichtigung von Oostende: Seebahnhof, Dreimaster Mercator, Fischerboot Amandine, St.-Petrus-en-Pauluskerk, Visserkaai, Noordzeeaquarium, Vistrap, Weststaketsel, Seepromenade, Königliche Residenz, Königliche Galerien, Thermenpalast.
Besichtigung von Zeebrugge: Leuchtturm an der Hafenmole, Fischkutter, Luxusjachten, St. Georgs Memorial.
Besichtigung von Brügge: Heilig-Blut-Basilika, Stadhuis, Tuchhalle mit 88 m hohen Belfried, Fischmarkt, Rozenhoedkaai, Onze-Lieve-Vrouwkerk, St. Salvator-Kathedrale, Begijnhof, Museen.
Keine Stellplatzgebühr.
Stellmöglichkeiten für 10 Mobile.
Für große Mobile nicht geeignet. Stellflächen 6 m Länge.
Ausweichmöglichkeit auf dem Bus-Parkplatz.
Ebene, asphaltierte Stellflächen mit Randbäumen.

Oostende (Westflandern) Parking Churchill * WF - 13

Übernachtungsplatz am Seebahnhof in zentraler Lage.

Vom Schnellstraßenring R31 Richtung Centrum fahren und nördlich am ersten Hafenbecken rechts abbiegen. Noch 500 m bis zum Platz vor dem Seebahnhof. Koordinaten: 51° 13,73' Nord, 2° 55,49' Ost.

Gaststätten, Geschäfte und Häuser am Platz.
Ganzjährig zugänglich. Aufenthaltsdauer 24 Stunden.
Verkehrsgeräusche durch Hauptstraße.
5 min Fußweg zur Stadtmitte.
Wanderungen und Radtouren an der Küste.
Besichtigung von Oostende: Seebahnhof, Dreimaster Mercator, Fischerboot Amandine, St.-Petrus-en-Pauluskerk, Visserkaai, Noordzeeaquarium, Vistrap, Weststaketsel, Seepromenade, Königliche Residenz, Königliche Galerien, Thermenpalast.
Besichtigung von Zeebrugge: Leuchtturm an der Hafenmole, Fischkutter, Luxusjachten, St. Georgs Memorial.
Besichtigung von Brügge: Heilig-Blut-Basilika, Stadhuis, Tuchhalle mit 88 m hohem Belfried, Fischmarkt, Rozenhoedkaai, Onze-Lieve-Vrouwkerk, St. Salvator-Kathedrale, Begijnhof, Museen.
Gebühr: 1,40 € pro Stunde, 9,80 € pro Tag.
Stellmöglichkeiten für 10 Mobile.
Ebene, asphaltierte Stellflächen.

Bredene (Westflandern) Sportzentrum ** WF - 14

Übernachtungsplatz am Sportzentrum in ruhiger und schöner Lage.

Bei Anfahrt von Oostende von der N34 800 m nach dem Großparkplatz links, rechts und gleich wieder links abbiegen (Taboralaan, schmale Straße).Nach 600 m rechts und nach 100 m links abbiegen. Nach weiteren 400 m rechts abbiegen (Voorhavenlaan) und nach 100 m links am See entlang fahren (**Schietbaanstraat,** Einbahnstraße). Noch 500 m bis zu den Parkplätzen rechts und links.
Koordinaten: 51° 13,84' Nord, 2° 57,68' Ost.

Häuser am Platz.
Sportzentrum und Schwimmbad in der Nähe.
Kleiner Bootshafen am Platz.
Ganzjährig zugänglich.
Wanderungen und Radtouren an der Küste.
Besichtigung von Oostende: Seebahnhof, Dreimaster Mercator, Fischerboot Amandine, St.-Petrus-en-Pauluskerk, Visserkaai, Noordzeeaquarium, Vistrap, Weststaketsel, Seepromenade, Königliche Residenz, Königliche Galerien, Thermenpalast.
Besichtigung von Zeebrugge: Leuchtturm an der Hafenmole, Fischkutter, Luxusjachten, St. Georgs Memorial.
Besichtigung von Brügge: Heilig-Blut-Basilika, Stadhuis, Tuchhalle mit 88 m hohem Belfried, Fischmarkt, Rozenhoedkaai, Onze-Lieve-Vrouwkerk, St. Salvator-Kathedrale, Begijnhof, Museen.
Keine Gebühr.
Stellmöglichkeiten für 5 Mobile.
Für sehr große Wohnmobile nicht geeignet. Schmale Zufahrt.
Ebene, gepflasterte Stellflächen mit Randbäumen.

Blankenberge (Westflandern) Sealife ** WF - 15

Langer Parkstreifen als **Mobilplatz** am Ortsrand in ruhiger und schöner Lage.

Von Zeebrugge Richtung Blankenberge fahren und 200 m nach dem Ortsanfang (farbiges Schild) links halten (Koning Albert-I-Laan). Nach weiteren 700 m - 400 m nach dem Ortsanfang (weißes Schild) - links wenden. Noch 300 m bis zum Platz rechts (**Moysonpad**).
Koordinaten: 51° 19,68' Nord, 3° 11,06' Ost.

Häuser in der Nähe.
Haltestelle Straßenbahn in der Nähe.
Ganzjährig zugänglich. Wohnmobile immer anzutreffen.
Aufenthaltsdauer mehrere Tage.
Besuch des Sealife-Center.
Wanderungen und Radtouren an der Küste.
8 min Fußweg zur Ortsmitte.
Besichtigung von Zeebrugge: Leuchtturm an der Hafenmole, Fischkutter, Luxusjachten, St. Georgs Memorial.
Besichtigung von Brügge: Heilig-Blut-Basilika, Stadhuis, Tuchhalle mit 88 m hohem Belfried, Fischmarkt, Rozenhoedkaai, Onze-Lieve-Vrouwkerk, St. Salvator-Kathedrale, Begijnhof, Museen.
Besichtigung von Oostende: Seebahnhof, Dreimaster Mercator, Fischerboot Amandine, St.-Petrus-en-Pauluskerk, Visserkaai, Noordzeeaquarium, Vistrap, Weststaketsel, Seepromenade, Königliche Residenz, Königliche Galerien, Thermenpalast.
Gebühr in der Nebensaison: Sa, So 10 €, sonst keine Gebühr. Gebühr in der Hochsaison bis 25 € pro Tag.
Stellmöglichkeiten für 20 Mobile.
Für sehr große Wohnmobile nicht geeignet.
Ebene, asphaltierte Stellflächen.

Zeebrugge (Westflandern) Seafront ** WF - 16

Parkplatz am Seafront-Museum in ruhiger und schöner Lage.

Von Heist Richtung Zeebrugge fahren und 1,2 km nach dem Ortsanfang (weißes Schild, Kustlaan) rechts abbiegen (**Vismijnstraat**). Noch 100 m bis zum Platz rechts.
Koordinaten: 51° 20,05' Nord, 3° 12,45' Ost.

Blick auf den Hafen.
Gaststätten, Häuser und Fischgeschäfte in der Nähe.
Ganzjährig zugänglich.
Besuch des Museumshafen (Feuerschiff, U-Boot).
Wanderungen und Radtouren im Hafen und an der Küste.
8 min Fußweg zur Ortsmitte.
Besichtigung von Zeebrugge: Leuchtturm an der Hafenmole, Fischkutter, Luxusjachten, St. Georgs Memorial.
Besichtigung von Damme: Rathaus, St.-Janshospiz, Onze-Lieve-Vrouwkerk, Uilenspiegel-Denkmal, Windmühle Schellenmolen.
Besichigung von Brügge: Heilig-Blut-Basilika, Stadhuis, Tuchhalle mit 88 m hohem Belfried, Fischmarkt, Rozenhoedkaai, Onze-Lieve-Vrouwkerk, St. Salvator-Kathedrale, Begijnhof, Museen.
Fahrt nach Oostende.
Keine Parkgebühr.
Stellmöglichkeiten für 5 Mobile.
Ebene, asphaltierte Stellflächen.

Zeebrugge (Westflandern) Mobilplatz ** WF - 17

Mobilplatz in Strandnähe in guter Lage.

Von Brügge oder Blankenberge am Ortsrand Richtung Seebrugge Bad abbiegen (**Baron de Maerelaan**). Noch 100 m bis zum Platz rechts.
Koordinaten: 51° 19,68' Nord, 3° 11,06' Ost.

Gaststätten und Häuser am Platz.
Verkehrsgeräusche durch nahe Straße.
Feiner Sandstrand in der Nähe.
Haltestelle Zeebrugge Strand (Straßenbahn) in der Nähe.
Ganzjährig zugänglich. Wohnmobile meistens anzutreffen.
Besuch des Museumshafen (Feuerschiff, U-Boot).
Wanderungen und Radtouren im Hafen und an der Küste.
8 min Fußweg zur Ortsmitte.
Besichtigung von Zeebrugge: Leuchtturm an der Hafenmole, Fischkutter, Luxusjachten, St. Georgs Memorial.
Besichtigung von Damme: Rathaus, St.-Janshospiz, Onze-Lieve-Vrouwkerk, Uilenspiegel-Denkmal, Windmühle Schellenmolen.
Besichigung von Brügge: Heilig-Blut-Basilika, Stadhuis, Tuchhalle mit 88 m hohem Belfried, Fischmarkt, Rozenhoedkaai, Onze-Lieve-Vrouwkerk, St. Salvator-Kathedrale, Begijnhof, Museen.
Fahrt nach Oostende.
Keine Parkgebühr.
Stellmöglichkeiten für 8 Mobile.
Für sehr große Wohnmobile nicht geeignet.
Ebene, gepflasterte Stellflächen.

Zeebrugge (Westflandern) Fischereihafen ** WF - 18

Großparkplatz am Fischereihafen in ruhiger und schöner Lage.

Von Heist Richtung Zeebrugge fahren und 1,7 km nach dem Ortsanfang (weißes Schild, Kustlaan) rechts abbiegen (**Tijdockstraat**). Noch 200 m bis zum Parkstreifen links und 300 m zum Großparkplatz rechts.
Koordinaten: 51° 19,92' Nord, 3° 12,15' Ost.

Blick auf den Hafen.
Gaststätten, Häuser und Fischgeschäfte am Platz.
Müllbehälter und Chemie-WC am Platz. Kassettenentleerung möglich.
Ganzjährig zugänglich.
Hafenrundfahrten in der Nähe.
Wanderungen und Radtouren im Hafen und an der Küste.
8 min Fußweg zur Ortsmitte.
Besichtigung von Zeebrugge: Leuchtturm an der Hafenmole, Fischkutter, Luxusjachten, St. Georgs Memorial, Seafront (maritimes Museum).
Besichtigung von Damme: Rathaus, St.-Janshospiz, Onze-Lieve-Vrouwkerk, Uilenspiegel-Denkmal, Windmühle Schellenmolen.
Besichigung von Brügge: Heilig-Blut-Basilika, Stadhuis, Tuchhalle mit 88 m hohem Belfried, Fischmarkt, Rozenhoedkaai, Onze-Lieve-Vrouwkerk, St. Salvator-Kathedrale, Begijnhof, Museen.
Fahrt nach Oostende.
Keine Parkgebühr.
Stellmöglichkeiten für 30 Mobile.
Ebene, asphaltierte Stellflächen.

Damme (Westflandern) Damse-Suid ** WF - 19

Mobilplatz am Ortsrand in ruhiger und schöner Lage.

Von Brügge am östlichen Ring nach den Windmühlen rechts Richtung Damme fahren und 3,5 km nach dem Ortsende Brügge - 500 m nach dem Ortsanfang Damme - rechts zum Platz abbiegen. Bei Anfahrt von der Küste 100 m nach dem Ortsanfang nach der Brücke rechts Richtung Brügge fahren. Noch 500 m bis zum Platz links.
Koordinaten: 51° 14,92' Nord, 3° 16,61' Ost.

Häuser in der Nähe.
Getrennte Müllsammlung am Platz.
Tische und Bänke am Platz.
Ganzjährig zugänglich. Wohnmobile oft anzutreffen.
Wanderungen und Radtouren am Kanal und an der Küste.
10 min Fußweg zur Ortsmitte.
Bushaltestelle am Platz.
Besichtigung von Damme: Rathaus, St.-Janshospiz, Onze-Lieve-Vrouwkerk, Uilenspiegel-Denkmal, Windmühle Schellenmolen.
Besichtigung von Brügge: Heilig-Blut-Basilika, Stadhuis, Tuchhalle mit 88 m hohem Belfried, Fischmarkt, Rozenhoedkaai, Onze-Lieve-Vrouwkerk, St. Salvator-Kathedrale, Begijnhof, Museen.
Fahrt nach Oostende und Zeebrugge.
Keine Parkgebühr.
Stellmöglichkeiten für 5 Mobile, für 2 ausgewiesen.
Ebene, gepflasterte Stellflächen.

Brügge (Westflandern) Wohnmobilplatz ** WF - 20

Caravanplatz am Ortsrand in sehr guter Lage.

Von der Ausfahrt Oostkamp (9) der A10/E40 Richtung Oostkamp fahren und nach 800 m im Kreisel rechts dem Lkw-Gebot Brugge folgen. Nach weiteren 1,9 km rechts Richtung Brugge fahren. Nach weiteren 4,3 km links auf den Stadtring fahren (**Buiten Katelijnepoot**). Nach 400 m rechts zum Parkplatz Busse/Mobile abbiegen und unter die Brücke durchfahren. Noch 400 m.
Koordinaten: 51° 11,80' Nord, 3° 13,53' Ost.

Häuser in der Nähe.
Ver- und Entsorgung (Gully) am Platz.
Getrennte Müllsammlung am Platz.
Ganzjährig zugänglich.
Wohnmobile immer anzutreffen.
12 min Fußweg zu den Sehenswürdigkeiten.
Ringstraße am Platz. Verkehrsgeräusche.
Bushaltestelle am Platz.
Besichtigung von Brügge: Heilig-Blut-Basilika, Stadhuis, Tuchhalle mit 88 m hohem Belfried, Fischmarkt, Rozenhoedkaai, Onze-Lieve-Vrouwkerk, St. Salvator-Kathedrale, Begijnhof.
Besuch des Memmling-, Gruuthuse-, Brangwyn- und des Groeningemuseums.
Fahrt nach Gent.
Fahrt nach Oostende und Zeebrugge.
Keine Parkgebühr.
Stellmöglichkeiten für 20 Mobile.
Auch für Caravan zugelassen.
Ebene, gepflasterte Stellflächen.

Eeklo (Westflandern) Jachthafen * WF - 21

Wohnmobilplatz am Jachthafen in schöner Lage.

Bei Anfahrt aus dem Süden von Gent (N9) 1 km nach dem Ortsanfang links und nach weiteren 500 m im Kreisel links dem braunen Wegweiser Jachthafen folgen. Nach weiteren 500 m am Ortsende rechts abbiegen (kein Wegweiser) und nach 100 m links am Kanal entlang fahren. Noch 500 m.
Koordinaten: 51° 10,67' Nord, 3° 32,96' Ost.

Häuser in der Nähe.
Ver- und Entsorgung (Gully) möglich.
Stromanschluss möglich.
Ganzjährig zugänglich.
Wohnmobile oft anzutreffen.
Für sehr große Mobile nicht geeignet.
Verkehrsreiche Straße am Platz.
Besichtigung von Brügge: Heilig-Blut-Basilika, Stadhuis, Tuchhalle mit 88 m hohem Belfried, Fischmarkt, Rozenhoedkaai, Onze-Lieve-Vrouwkerk, St. Salvator-Kathedrale, Begijnhof.
Besuch des Memmling-, Gruuthuse-, Brangwyn- und des Groeningemuseums in Brügge.
Fahrt nach Gent.
Fahrt nach Oostende und Zeebrugge.
Fahrt nach Holland.
Parkgebühr: 3 € für 24 Stunden (einschl. Strom).
Stellmöglichkeiten für 3 Mobile.
Ebene, befestigte Stellflächen.
Informationen: 0 93 77 27 47.

Eeklo (Westflandern) Sporthalle ** WF - 22

Großparkplatz an der Sporthalle in ruhiger Lage.

Bei Anfahrt aus dem Süden von Gent (N9) 400m nach dem Ortsanfang rechts dem Wegweiser Sporthal folgen. Koordinaten: 51° 10,98' Nord, 3° 34,63' Ost.

Häuser am Platz.
Sporthalle am Platz.
Ganzjährig zugänglich.
Besichtigung von Brügge: Heilig-Blut-Basilika, Stadhuis, Tuchhalle mit 88 m hohem Belfried, Fischmarkt, Rozenhoedkaai, Onze-Lieve-Vrouwkerk, St. Salvator-Kathedrale, Begijnhof.
Besuch des Memmling-, Gruuthuse-, Brangwyn- und des Groeningemuseums in Brügge.
Fahrt nach Gent.
Fahrt nach Oostende und Zeebrugge.
Fahrt nach Holland.
Keine Parkgebühr.
Stellmöglichkeiten für 30 Mobile.
Ebene, gepflasterte Stellflächen.

Zu den Diamanten in der Hafenmetropole
Ostflandern

Tour 5

Wie verlassen die Küste und fahren nach Ostflandern und Antwerpen. In Aalter-Belem haben wir am Kanal übernachtet. In diesem Ort sind vier Übernachtungsplätze vorhanden (**OF-1**, **OF-2**, **OF-3** und **OF-4**). Gent, eine der schönsten Städte Belgiens, ist unser Ziel. Im Zentrum bestimmen viele prächtige Bauten das Antlitz der Stadt. Eine der mächtigsten Wasserburgen Europas, der Gravensteen, wurde 1180 vom Grafen von Flandern nach dem Vorbild der Kreuzritterburgen im Heiligen Land errichtet. Im Mittelalter kam es häufig zu Konflikten und Aufständen zwischen der aufstrebenden Stadt und den Herrschern des Landes.

Im Ortsteil Gentbrugge am Ende der Straßenbahnlinie wurde ein Übernachtungsplatz eingerichtet (**OF-5**). Leider führt die Autobahn unmittelbar am Platz vorbei. Wir haben deshalb am Kantienberg in der Nähe der Altstadt übernachtet (OF-6). Der Platz ist für den Aufenthalt von 24 Stunden sehr teuer. Aus diesem Grunde stellen wir am Tage unser Wohnmobil auf dem kostenlosen Stellplatz in Gentbrugge ab und fahren mit der Straßenbahn in die Stadtmitte.

Besonders eindrucksvoll ragt am Baafsplein die St.-Baafskathedrale mit dem bedeutenden, geheimnisvollen Genter Altar empor. Auf 26 Tafeln haben die Gebrüder van Eyck die Heilsgeschichte vom Sündenfall bis zur Erlösung dargestellt. Daneben sind auch Gemälde von Rubens und anderen flämischen Künstlern in der Kathedrale zu bewundern.

Wir schlendern durch die Häuserzeilen und besichtigen die Burg Duivelsteen, den 91 Meter hohen Belfried mit der Lakenhalle, das spätgotische Stadhuis, die St.-Niklaaskerk, den neugotischen Palast der Post, das Groot Vleeshuis, eine mittelalterliche Fleichhalle. Ein Bummel führt uns durch das alte Gerberviertel Patershol, heute ein interessanter Stadtteil mit Kunsthandwerk, Antiquitäten und Boutiquen. Anschließend besuchen wir den Kleinen Beginenhof, unveränderte kleine Backsteinhäuser mit ummauerten Gärten aus dem 17. Jahrhundert

Im Museum für Volkskunde erleben wir das mittelaterliche Leben in Flandern durch eine Herberge, eine Bäckerei, eine Apotheke und andere Einrichtungen aus der Vergangenheit. Im Museum voor Schone Kunsten sind Werke Alter Meister, im Museum voor aktuele Kunst Ausstellungen zeitgenössischer Künstler zu sehen.

Nach dem umfangreichen Stadtbesuch finden wir Entspannung und Erholung am Donkmeer, einer Seenplatte südlich von Lokeren (**OF-7**). Auf den Parkplätzen ist viel Raum für große Fahrzeuge, nur die Einfahrten sind eng und schmal. Schöne Wanderwege erschließen diese naturbelassene Landschaft.

In St.-Niklaas am Erholungsgebiet De Ster finden wir einen weiteren ruhig und schön gelegenen Platz für die Nacht (**OF-8**). Am Schelde-Ufer in der Stadt Temse übernachtet man ruhig am Fluss und in der Nachbarschaft mehrerer guter Gatststätten (**OF-9**). Eine andere Übernachtungsmöglichkeit mit Ver- und Entsorgung besteht in St.-Amands in der Nähe der Schelde (**OF-10**).

In Willebroek besteht auf einem sehr großen Platz am Ortsrand die Möglichkeit zu übernachten und das rollende Ferienhaus zu ver- und entsorgen (**OF-11**). Wir übernachten in der Nähe von Lier in Koningshooikt (OF-12), weil der Übernachtungsplatz in Lier schon durch Kollegen belegt ist (**OF-13**).

Lier, im Mittelalter ein Zentrum des Viehhandels und der Tuchmacherei, ist eine sehenswerte Stadt. Der schlanke Belfried erhebt sich neben dem Rathaus aus der Zeit des Rokoko mit einer elegant geschwungenen Wendeltreppe aus Eiche.

Zahlreiche schöne Häuser der Zünfte schmücken den Marktplatz. Die größte Attraktion in Lier ist der Zimmerturm mit der Jubiläumsuhr von 1830, einer Uhr mit 13 verschienen Zeiten, den Mondphasen und den Tierkreiszeichen, geschaffen von Louis Zimmer. Sehenswert sind auch der Beginenhof und die gotische St.-Gummaruskerk.

Am Donker See

Wir besuchen die Diamanten- und Hafen-Metropole Antwerpen. Unser Mobil stellen wir auf dem ruhigen P+R-Platz Linkeoever ab (OF-14) und fahren mit der Straßenbahn in die Stadtmitte, um das pulsierende Leben, die exclusiven Läden, die prächtigen Bauwerke, die vielen Kulturgüter und den unendlich ausgedehnten Hafen zu entdecken.

Der Name entstand aus "Hand werfen". Der Held Silvius Brabo, ein David, schlug dem Goliath Antigonus die Hand ab, warf sie in den Fluss und beendete dadurch das schreckliche Unwesen des Riesen an der Schelde. Seit dem 15. Jahrhundert erlebte die Stadt eine wirtschaftliche Blüte. Schon damals lebten in Antwerpen über 100.000 Bürger.

Am Donker See

Napoleon baute den Hafen aus, der sich nach dem 2. Weltkrieg weit nach Norden bis zur niederländischen Grenze ausdehnte und nach Rotterdam der größte Hafen Europas wurde.

Unsere Tour beginnen wir wieder am Grote Markt. Dort sehen wir Brabo vor dem Rathaus auf dem Brabobrunnen, wie er mit der abgeschlagenen Hand des Riesen zum Wurf ausholt. Das Rathaus ist ein schönes Werk der Renaissance in Belgien. Das Wahrzeichen der Stadt aber ist

der mächtige, 123 Meter hohe Turm der gotischen Kathedrale Onze-Lieve-Vrouw, des größten kirchlichen Bauwerks Belgiens. Berühmte Werke Rubens schmücken das Innere, die "Kreuzaufrichtung", die "Kreuzabnahme" und die "Auferstehung".

Einen authentischen Eindruck von der Buchdruckerkunst des 16. Jahrhunderts vermitteln uns die Exponate des Museums Plantin-Moretus in einem prächtigen Haus aus der Renaissance mit einer alten flämischen Patrizierwohnung, ausgezeichnet als Weltkulturerbe der UNESCO. Die Burg Steen, früher Sitz der Burggrafen, beherbergt heute das Schifffahrtmuseum, eine umfangreiche Sammlung über die Seefahrt.

Danach besichtigen wir das spätgotische Vleeshuis, die gotische Kirche St.-Paulus mit einem Barockturm, die hochbarocke St.-Caroluskirche und die St.-Jacobskirche mit dem Rubens-Gemälde "Maria mit dem Kind von Heiligen umgeben". Rubens ist allgegenwärtig in Antwerpen. Im Rubenshaus lernen wir seine Wohnung und sein Atelier in einem italienischen Palazzo kennen. Hier lebte und wirkte der berühmte Meister als Hofmaler der spanischen Erzherzöge bis zu seinem Tod. Im Königlichen Museum für Schöne Künste bewundern wir Meisterwerke von Peter Paul Rubens und anderen flämischen Malern.

Im Diamantenmuseum erfahren wir alles über diese Edelsteine und schauen einem Edelsteinschleifer bei der Arbeit zu. Heute noch ist Antwerpen ein Zentrum der Diamantenbearbeitung und des Diamantenhandels. Auch in der Welt der Mode hat Antwerpen einen guten Ruf. In der Modeakademie werden internationale Modeschöpfer ausgebildet und im Modemuseum MoMu bewundern wir das Design der Modemacher aus vielen Epochen.

Wir übernachten am Sportzentrum von Braaschat nördlich von Antwerpen, auf einem für Wohnmobile ausgewiesenen Platz in einer ruhigen und schönen Umgebung (**OF-15**). Von diesem Platz aus erreicht man schnell Zeeland, das südwestliche Gebiet der Niederlande. Weiter Übernachtungsplätze finden wir in der Ortsmitte von Brecht (**OF-16**), an der Feuerwehr von Grobbendonk (**OF-17**) und am Stadion von Herentals (**OF-18**).

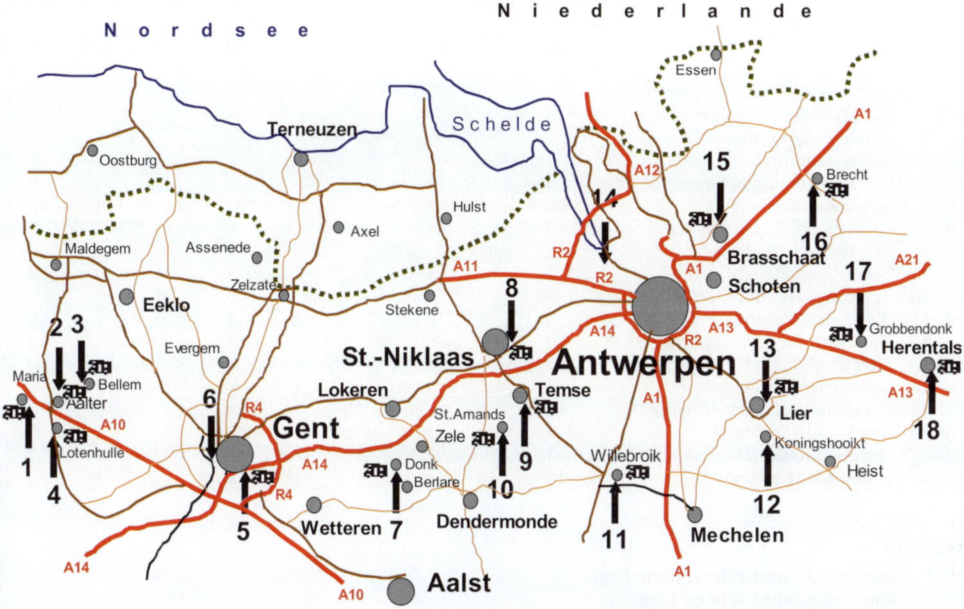

Tour 5

Ostflandern

Tour 5: **In Ostflandern**

Nr.	Ort, Bezeichnung	Stell-plätze	Gast-haus	Häu-ser	WC	Bad See	Orts-nähe	Ent-sorg.	Park-dauer	Park-gebühr
		A					B		C	D
OF-1	Aalter-Maria Aalter, Sportplatz *	5	-	+	-	-	x	-	1	0
OF-2	Aalter, Industriegebiet *	3	-	+	-	-	x	-	1	P
OF-3	Aalter-Bellem, Kanal ***	20	-	+	-	-	x	-	1	0
OF-4	Aalter-Lotenhulle *	3	-	+	-	-	x	-	1	0
OF-5	Gent-Gentbrugge, Driebeek *	5	+	+	-	+	x	-	1	0
OF-6	Gent, Kantienberg **	30	+	+	-	-	10	-	1	22
OF-7	Berlare-Donk, Donkmeer ***	50	+	+	-	-	x	-	1	0
OF-8	St.-Niklaas, De Ster ***	5	+	+	-	+	x	-	1	0
OF-9	Temse, Schelde-Ufer **	5	+	+	-	-	2	-	2	0
OF-10	St.-Amands, Ortsrand **	2	+	+	-	-	6	+	1	0
OF-11	Willebroek, Stadion **	50	-	+	-	+	x	+	1	0
OF-12	Koningshooikt, Ortsparkplatz **	10	+	+	-	-	4	-	1	0
OF-13	Lier, Zaat *	3	+	+	-	-	8	-	1	0
OF-14	Antwerpen, Linkeroever *	5	-	+	-	-	x	-	1	0
OF-15	Brasschaat, Sportcentrum ***	10	+	-	-	+	x	-	1	0
OF-16	Brecht, Ortsmitte **	5	+	+	-	-	5	-	1	0
OF-17	Grobbendonk, Brandweer *	3	-	+	-	-	5	-	1	0
OF-18	Herentals, Stadion **	10	-	+	-	-	x	-	1	0

Legende

**** sehr ruhige und sehr schöne Lage.
*** sehr ruhige und schöne Lage.
** ruhige und gute Lage.
* keine ruhige Lage.
A Stellplätze gestaffelt nach 3, 5, 10, 20, 30, 50 Wohnmobilen. Dabei wird angenommen, dass nur die Hälfte des Platzes zur Verfügung steht und die andere Hälfte durch PKW belegt ist.
B Fußweg in Minuten, x über 15 min Fußweg.
C Aufenthaltsdauer in Tagen.
D Stellplatzgebühr in Euro pro Wohnmobil und 24 Stunden oder Parkgebühr.
P Parkgebühr in der Saison.
T Aufenthaltsdauer einige Tage.
U Aufenthaltsdauer unbegrenzt.
(gelb) Parkplatz (grün) Wohnmobil-Stellplatz

Aalter-Maria Aalter (Ostflandern) Sportplatz * OF - 1

Übernachtungsplatz auf einem Parkstreifen mit Randbäumen am Sportplatz.

Von der Ausfahrt Aalter (11) der A10/E40 Richtung Aalter fahren und in Aalter dem Wegweiser Maria Aalter folgen. 2 km nach dem Ortsende Aalter wird der Wanderparkplatz im Wald links erreicht. 3,4 km nach dem Ortsende Aalter - 200 m nach dem Ortsanfang Sint Maria Alter - links Richtung Sportterrein abbiegen (**Sparhoekdreef**). Noch 500 m bis zum Platz rechts.
Koordinaten: 51° 5,41 Nord, 3° 22,27' Ost.

Häuser am Platz.
3 km lange, schmale Zufahrtsstraße.
Ganzjährig zugänglich.
Fahrt nach Gent und Brügge.
Fahrt nach Oostende.
Fahrt nach Zeebrugge.
Keine Parkgebühr.
Stellmöglichkeiten für 5 kleine Wohnmobile.
Für große Wohnmobile nicht geeignet.
Eingeschränkte Wendemöglichkeit.
Ebene, befestigte Stellflächen.
Ausweichparkplatz in ruhiger Lage:
Wanderparkplatz 1,4 km vor Maria Aalter.

Aalter (Ostflandern) Industriegebiet * OF - 2

Übernachtungsplatz an einer Tankstelle im Industriegebiet.

Von der Ausfahrt Aalter (11) der A10/E40 Richtung Aalter fahren und vor Aalter dem Lkw-Gebot rechts folgen. Nach 500 m links Richtung Bellem fahren und nach weiteren 700 m rechts dem Gebot Durchgangsverkehr folgen. Nach 300 m nach der Überführung links entlang den Schienen fahren. Nach weiteren 900 m rechts abbiegen und nach 1,2 km Richtung Industriegebiet fahren. Noch 400 m bis zum Platz links (**Venecolaan 9**).
Koordinaten: 51° 6,24' Nord, 3° 26,51' Ost.

Kleine Tankstelle und Häuser am Platz.
Verkehrsgeräusche durch Industriestraße. Lkw-Verkehr.
Abwasserentsorgung und Kassettenentleerung am Platz.
Frischwasserversorgung und WC am Platz.
Ganzjährig zugänglich.
Fahrt nach Gent und Brügge.
Fahrt nach Oostende und Zeebrugge.
Parkgebühr.
Stellmöglichkeiten für 3 kleine Wohnmobile.
Für große Wohnmobile nicht geeignet.
Kleine Stellfläche.
Ebene, betonierte Stellflächen.

Aalter-Bellem (Ostflandern) Kanal *** OF - 3

Übernachtungsplätze in einer Sackgasse am Kanal Gent-Oostende in sehr ruhiger und schöner Lage.

Von der Ausfahrt Aalter (11) der A10/E40 Richtung Aalter fahren und vor Aalter dem Lkw-Gebot rechts folgen. Nach 500 m links Richtung Bellem fahren und nach weiteren 700 m rechts dem Gebot Durchgangsverkehr folgen. Nach 300 m nach der Überführung links entlang den Schienen fahren. Nach weiteren 900 m rechts abbiegen und nach 100 m rechts Richtung Bellem fahren. Nach 1,7 km rechts Richtung Bellem fahren und nach weiteren 2 km - 300 m nach dem Ortsanfang - links Richtung Ursel abbiegen (Moerstraat). Über den Kanal fahren und nach 1,4 km rechts abbiegen (**Leistraat**). Nach 300 m rechts in die Sackgasse am Kanal abbiegen (**Vaart Nord**). Eisenbahn-Unterführungen in Aalter nur 2,70-3,25 m Höhe.
Koordinaten: 51° 5,85' Nord, 3° 29,84' Ost.

Blick auf den Kanal.
Café und Häuser am Platz.
Ganzjährig zugänglich.
Wanderungen und Radtouren auf beiden Seiten des Kanals.
Bushaltestelle am Platz.
Fahrt nach Gent und Brügge.
Fahrt nach Oostende
Fahrt nach Zeebrugge.
Keine Parkgebühr.
Stellmöglichkeiten für 20 Wohnmobile.
Ausgewiesenen ebene, asphaltierte Stellflächen.

Aalter-Lotenhulle (Ostflandern) Festhalle * OF - 4

Übernachtungsplatz an der Festhalle.

Von der Ausfahrt Aalter (11) der A10/E40 Richtung Lotenhulle fahren (N409) und nach 3,4 km - 800 m nach dem Ortsanfang - rechts Richtung Feestzaal abbiegen (**Guldensporenplein**). Noch 100 m bis zum Platz links. Bei Anfahrt aus dem Süden 400 m nach dem Ortsanfang links Richtung Feestzaal abbiegen. Noch 100 m.
Koordinaten: 51° 2,81' Nord, 3° 27,84' Ost.

Häuser am Platz.
Ganzjährig zugänglich.
Wanderungen und Radtouren.
Bushaltestelle am Platz.
Fahrt nach Gent
Fahrt nach Brügge.
Fahrt nach Oostende
Fahrt nach Zeebrugge.
Keine Parkgebühr.
Stellmöglichkeiten für 3 Wohnmobile.
Für sehr große Wohnmobile nicht geeignet.
Ausgewiesene ebene, asphaltierte Stellflächen.

Gent-Gentbrugge (Ostflandern) Driebeek * OF - 5

Wohnmobilplatz an der Sporthalle Driebeek.

Von dem Kreuz A4/A14 Richtung Antwerpen fahren. An der Ausfahrt Gentbrugge (10) abfahren und nach 200 m rechts fahren. Nach weiteren 200 m links abbiegen. Nach weiteren 300 m wieder links abbiegen (Schooldreef) und nach 200 m rechts fahren (Magerstraat, dann **Driebeekstraat**). Noch 300 m bis zum Platz rechts. Koordinaten: 51° 2,23' Nord, 3° 46,02' Ost.

Gaststätte am Platz.
Häuser am Platz.
Verkehrsgeräusche von der Autobahn.
Schwimmbad und Sporthalle am Platz.
Straßenbahnhaltestelle am Platz. 10 min Fahrt zur Innenstadt.
Ganzjährig zugänglich.
Besichtigung von Gent: St.Baafs-Kathedraal, Burg Duivelsteen, De Achtersikkel, Belfied, Stadhuis, St.Niklaaskerk, St.Michielskerk, Groot Vleeshuis, Burg Gravensteen, Gerberviertel, Dulle Griet, Kleine Beginenhof, Graslei (Häuserzeile).
Besuch der Museen: Volkskundemuseum, Museum für Textilien. Museum der Schönen Künste, Stedelijk Museum.
Fahrt nach Brügge, Oostende und Zeebrugge.
Fahrt nach Brüssel.
Keine Parkgebühr.
Stellmöglichkeiten für 5 Wohnmobile.
Ausgewiesenen ebene, asphaltierte Stellflächen.

Gent (Ostflandern) Kantienberg ** OF - 6

Großparkplatz mit einzelnen Bäumen am Rand der Innenstadt in ruhiger Lage.

Von dem Autobahnring R4 und der N9 Richtung Centrum fahren. 500 m nach dem Ortsanfang rechts Richtung Centrum abbiegen (R40). Nach 3 km links vor der Brücke dem P-Schild folgen (**Isabellakaai**). Noch 100 m bis zum Platz. Koordinaten: 51° 2,41' Nord, 3° 43,69' Ost.

Gaststätte am Platz.
Häuser am Platz.
Ganzjährig zugänglich.
10 min Fußweg zur Innenstadt.
Besichtigung von Gent: St.Baafs-Kathedraal, De Achtersikkel, Belfied, Stadhuis, St.Niklaaskerk, St.Michielskerk, Groot Vleeshuis, Burg Gravensteen, Gerberviertel, Dulle Griet, Kleine Beginenhof, Graslei (Häuserzeile), Burg Duivelsteen.
Besuch der Museen: Volkskundemuseum, Museum für Textilien. Museum der Schönen Künste, Stedelijk Museum.
Fahrt nach Brügge, Oostende und Zeebrugge.
Fahrt nach Brüssel.
Parkgebühr: 3 Std. 1 €, 6 Std. 4 €, 12 Std. 10 €, 24 Std. 22 €. Parkautomaten.
Stellmöglichkeiten für 30 Wohnmobile.
Leicht schräge, befestigte Stellflächen.

Berlare-Donk (Ostflandern) Donkmeer *** OF - 7

Wohnmobilplätze auf einem Großparkplatz mit Randbäumen in sehr ruhiger und schöner Lage.

Von der Ausfahrt Lokeren (12) der A14/E17 Richtung Donkmeer fahren. Nach 4,8 km rechts Richtung Donkmeer abbiegen und nach weiteren 3,3 km im Keisel halblinks fahren. Nach weiteren 3 km links im Kreisel Richtung Donkmeer abbiegen. Noch 1,3 km bis zur Zufahrt rechts (**Donklaan**). 300 m durchfahren. Koordinaten: 51° 2,61' Nord, 4° 58,86' Ost.

Gaststätte in der Nähe.
Häuser am Platz.
Ganzjährig zugänglich.
Für sehr große Wohnmobile nicht geeignet (schmale Einfahrt).
Große Mobile über die Ausfahrt P Wandelpad (300 m vorher) einfahren.
Museum und Freilichttheater in der Nähe.
Wanderungen und Radtouren um das Donkmeer.
Besichtigung von Dendermonde: Grote Markt, Lakenhal, Vleeshuis, Justizpalast, Onze-Lieve-Vrouwekerk, St.-Alexiusbegijnhof, Stedelijk Oudheidkundig.
Besichtigung von Gent: St.-Baafs-Kathedraal, Burg Duivelsteen, De Achtersikkel, Belfied, Stadhuis, St.Niklaaskerk, St.Michielskerk, Groot Vleeshuis, Burg Gravensteen, Gerberviertel, Dulle Griet, Kleiner Beginenhof, Graslei (Häuserzeile).
Besuch der Museen in Gent.
Fahrt nach Antwerpen.
Keine Parkgebühr.
Stellmöglichkeiten für 50 Wohnmobile (5 Mobile ausgewiesen).
Ebene, befestigte Stellflächen.

St.-Niklaas (Ostflandern) Recreatiepark de Ster *** OF - 8

Übernachtungsplätze unter niedrigen Bäumen am Erholungspark in sehr ruhiger und schöner Lage.

Von der Ausfahrt St.-Niklaas (5) Richtung St-Niklaas fahren und nach 1,7 km im Kreisel rechts Richtung Antwerpen fahren (N70) und nach 3,6 km rechts Richtung Recreatiepark de Ster abbiegen (**Voosekotstraat**). Nach 200 m rechts diesem Wegweiser folgen. Noch 100 m bis zu den Parkplätzen. Koordinaten: 51° 10,57' Nord, 4° 11,73' Ost.

Gaststätte am Park.
Häuser in der Nähe.
Ganzjährig zugänglich.
Für große Wohnmobile nicht geeignet.
Für Mobile ab 2 m Höhe Stellmöglichkeiten auf Wiesengelände.
Besuch des Erholungsparks mit Schwimmbad.
Besichtigung von Antwerpen: Rathaus, Grote Markt, Onze-Lieve-Vrouw-Kathedraal, Lange Wapper, Vleeshuis, St.-Paulus, Rubenshaus, Jacobskerk.
Besuch der Museen in Antwerpen.
Besichtigung von Gent: St.-Baafs-Kathedraal, De Achtersikkel, Belfied, Stadhuis, St.Niklaaskerk, St.Michielskerk, Groot Vleeshuis, Burg Gravensteen, Gerberviertel, Dulle Griet, Burg Duivelsteen, Kleiner Beginenhof, Graslei (Häuserzeile).
Besuch der Museen in Gent.
Keine Parkgebühr.
Stellmöglichkeiten für 5 Wohnmobile.
Ebene Stellflächen unter niedrigen Bäumen auf Grasflächen.

Temse (Ostflandern) Schelde-Ufer ** OF - 9

Übernachtungsplätze am Ufer der Schelde in der Ortsmitte in ruhigerLage.

Von der Ausfahrt St.Niklaas (15) der A14/E17 Richtung Temse fahren. Nach 4 km rechts Richtung Hamme abbiegen und nach 100 m über die Vorfahrtstraße geradeaus fahren. Nach weiteren 600 m links Richtung Scheldekaai abbiegen. Nach 200 m wird der Platz am Ufer der Schelde erreicht (**Wilfordkaai**).
Koordinaten: 51° 7,38' Nord, 4° 13,11' Ost.

Gaststätten am Platz.
Häuser am Platz.
Ganzjährig zugänglich. Aufenthaltsdauer 2 Nächte.
Müllcontainer am Platz.
Für sehr große Wohnmobile nicht geeignet. Pkw-Stellflächen.
2 min Fußweg zur Ortsmitte.
Besichtigung von Antwerpen: Rathaus, Grote Markt, Onze-Lieve-Vrouw-Kathedraal, Lange Wapper, Vleeshuis, St.-Paulus, Rubenshaus, Jacobskerk.
Besuch der Museen in Antwerpen.
Besichtigung von Gent: St.-Baafs-Kathedraal, Burg Duivelsteen, De Achtersikkel, Belfied, Stadhuis, St.Niklaaskerk, Groot Vleeshuis, Burg Gravensteen, Gerberviertel, Dulle Griet, Kleiner Beginenhof, Graslei (Häuserzeile), St.Michielskerk.
Besuch der Museen in Gent.
Keine Parkgebühr.
Stellmöglichkeiten für 5 Wohnmobile.
Ebene, asphaltierte Stellflächen.

St. Amands (Ostflandern) Ortsrand ** OF - 10

Wohnmobilplatz in der Nähe der Schelde am Ortsrand in ruhigerLage.
Von der N16 (St.Niklaas-Mechelen) bei Bornem Richtung St.Amands abbiegen. 100 m nach dem Ortsanfang zum Parkplatz rechts abbiegen.
Koordinaten: 51° 3,55' Nord, 4° 12,12' Ost.

Gaststätte in der Nähe.
Häuser am Platz.
Ver- und Entsorgung (Bodeneinlass) am Platz.
Ganzjährig zugänglich.
Schelde in der Nähe.
Für sehr große Wohnmobile nicht geeignet. Kleine Stellflächen.
6 min Fußweg zur Ortsmitte.
Besichtigung von Dendermonde: Grote Markt, Lakenhal, Vleeshuis, Justizpalast, Onze-Lieve-Vrouwekerk, St.-Alexiusbegijnhof, Stedelijk Oudheidkundig Museum.
Besichtigung von Mechelen: St.-Rombouts-Kathedrale, Brusselpoort, Rathaus, Schepenhuis, Vismarkt, Begijnhof, Duivelshuis.
Besichtigung von Antwerpen: Rathaus, Grote Markt, Onze-Lieve-Vrouw-Kathedraal, Lange Wapper, Vleeshuis, St.-Paulus, Rubenshaus, Jacobskerk.
Besuch der Museen in Antwerpen.
Keine Parkgebühr.
Stellmöglichkeiten für 2 Wohnmobile.
Weitere Stellmöglichkeiten auf dem Pkw-Platz nebenan.
Ebene, befestigte Stellflächen.

Willebroek (Antwerpen) Stadion ** OF - 11

Übernachtungsplätze auf einem Großparkplatz mit einzelnen Bäumen am Stadion in ruhiger Lage.

Von der N16 und von der Ausfahrt Breendonk der A12 geradeaus Richtung Centrum fahren und nach 300 m links abbiegen (**Scheldelaan**). Noch 200 m bis zum Platz links.
Koordinaten: 51° 3,62' Nord, 4° 20,74' Ost.

Häuser am Platz.
Ver- und Entsorgung (Holiday Clean) am Platz.
Ganzjährig zugänglich.
Getrennte Müllentsorgung am Platz.
Bushaltestelle am Platz.
Hallenbad am Platz.
Fort Breendonk in der Nähe.
Besichtigung von Mechelen: St.-Rombouts-Kathedrale, Brusselpoort, Rathaus, Schepenhuis, Vismarkt, Begijnhof, Duivelshuis.
Besichtigung von Dendermonde: Grote Markt, Lakenhal, Vleeshuis, Justizpalast, Onze-Lieve-Vrouwekerk, St.-Alexiusbegijnhof, Stedelijk Oudheidkundig Museum.
Besichtigung von Antwerpen: Rathaus, Grote Markt, Onze-Lieve-Vrouw-Kathedraal, Lange Wapper, Vleeshuis, St.-Paulus, Rubenshaus, Jacobskerk.
Besuch der Museen in Antwerpen.
Keine Parkgebühr.
Stellmöglichkeiten für 50 Wohnmobile.
Ebene, gepflasterte Stellflächen und Flächen auf Gras.

Koningshooikt (Antwerpen) Ortsparkplatz ** OF - 12

Parkplatz im Ortszentrum in ruhiger Lage.

Vom Ring um Lier (R16) Richtung Koningshooikt abbiegen und nach 1,9 km rechts Richtung Koningshooikt-Centrum fahren. Nach weiteren 2,1 km - 1,3 km nach dem Ortsanfang - rechts dem P-Schild folgen (**Eickelboslaan**). Noch 100 m bis zum Platz rechts.
Koordinaten: 51° 5,67' Nord, 4° 36,61' Ost.

Gaststätten in der Nähe.
Häuser am Platz.
Ganzjährig zugänglich.
Müllbehälter am Platz.
4 min Fußweg zur Ortsmitte.
Besichtigung von Lier: Grote Markt, Rathaus, Belfried, Vleeshuis, Gevangenenpoort, Zimmerturm mit Jubiläumsuhr, Begijnhof.
Besichtigung von Mechelen: St.-Rombouts-Kathedrale, Brusselpoort, Rathaus, Schepenhuis, Vismarkt, Begijnhof, Duivelshuis.
Besichtigung von Antwerpen: Rathaus, Grote Markt, Onze-Lieve-Vrouw-Kathedraal, Lange Wapper, Vleeshuis, St.-Paulus, Rubenshaus, Jacobskerk.
Besuch der Museen in Antwerpen.
Keine Parkgebühr.
Stellmöglichkeiten für 10 Wohnmobile.
Ebene, gepflasterte Stellflächen.

Lier (Antwerpen) Zaat * OF - 13

Übernachtungsplatz auf einem Großparkplatz in ruhiger Lage.

Am östlichen Ende des Ringes um Lier (R16) an der Kirche Richtung Leuvense Poort abbiegen. Nach 300 m rechts abbiegen. Noch 100 m bis zum Platz geradeaus (**Zaat**).
Koordinaten: 51° 5,67' Nord, 4° 36,61' Ost.

Gaststätten in der Nähe.
Häuser am Platz.
Ganzjährig zugänglich.
8 min Fußweg zur Ortsmitte.
Besichtigung von Lier: Grote Markt, Rathaus, Belfried, Vleeshuis, Gevangenenpoort, Zimmerturm mit Jubiläumsuhr, Begijnhof.
Besichtigung von Mechelen: St.-Rombouts-Kathedrale, Brusselpoort, Rathaus, Schepenhuis, Vismarkt, Begijnhof, Duivelshuis.
Besichtigung von Antwerpen: Rathaus, Grote Markt, Onze-Lieve-Vrouw-Kathedraal, Lange Wapper, Vleeshuis, St.-Paulus, Rubenshaus, Jacobskerk.
Besuch der Museen in Antwerpen.
Keine Parkgebühr.
Stellmöglichkeiten für 3 Wohnmobile (für 2 ausgewiesen).
Tagsüber oft durch Pkw belegt.
Leicht schräge, gepflasterte Stellflächen.

Antwerpen (Antwerpen) Linkeroever * OF - 14

P+R Platz in guter Lage.

Von der Ausfahrt 7 des Autobahnringes um Antwerpen Richtung P+R Linkeroever fahren und nach 1,7 km rechts diesem Wegweiser folgen. Nach weiteren 700 m rechts Richtung P+R Blancefloer fahren (**Blancefloerlaan**). Noch 1,1 km bis zum Platz rechts.
Koordinaten: 51° 13,24' Nord, 4° 21,61' Ost.

Häuser am Platz.
Müllbehälter am Platz.
Ganzjährig zugänglich.
Straßenbahnanschluss zur Innenstadt. Linie 3.
10 min Fahrt zur Stadtmitte.
Besichtigung von Antwerpen: Rathaus, Grote Markt, Onze-Lieve-Vrouw-Kathedraal, Lange Wapper, Vleeshuis, St.-Paulus, Rubenshaus, Jacobskerk.
Besuch der Museen in Antwerpen.
Schiffsrundfahrt auf der Schelde.
Besichtigung von Lier: Grote Markt, Rathaus, Belfried, Vleeshuis, Gevangenenpoort, Zimmerturm mit Jubiläumsuhr, Begijnhof.
Besichtigung von Mechelen: St.-Rombouts-Kathedrale, Brusselpoort, Rathaus, Schepenhuis, Vismarkt, Begijnhof, Duivelshuis.
Keine Parkgebühr.
Stellmöglichkeiten für 5 Wohnmobile.
Ebene, gepflasterte Stellflächen.
P+R-Platz Fr. Van Eden durch Pkw vollständig belegt.

Brasschaat (Antwerpen) Sportcentrum *** OF - 15

Wohnmobilplatz am Sportzentrum in sehr ruhiger und schöner Lage.

Von der Ausfahrt Brasschaat (5) der A1 Richtung Brasschaat fahren (N1) und 900 m nach dem Ortsanfang rechts Richtung Schilde (N121) abbiegen (Miksebaan). Nach weiteren 700 m rechts Richtung Schilde/Sportcentrum fahren. Nach 600 m - 500 m nach dem Ortsende - wird die Zufahrt erreicht (**Elshoutbaan 17**). Noch 100 m.
Koordinaten: 51° 17,06' Nord, 4° 30,12' Ost.

Gaststätte in der Nähe.
Müllbehälter am Platz.
Ganzjährig zugänglich.
Schwimmbad und Sporthalle am Platz.
Besichtigung von Antwerpen: Rathaus, Grote Markt, Onze-Lieve-Vrouw-Kathedraal, Lange Wapper, Vleeshuis, St.-Paulus, Rubenshaus, Jacobskerk.
Besuch der Museen in Antwerpen: Schifffahrtmuseum, Modemuseum, Museum der Schönen Künste, Diamantenmuseum.
Schiffsrundfahrt auf der Schelde.
Fahrt nach Holland.
Besichtigung von Lier: Grote Markt, Rathaus, Belfried, Vleeshuis, Gevangenenpoort, Zimmerturm mit Jubiläumsuhr, Begijnhof.
Keine Parkgebühr.
Stellmöglichkeiten für 10 Wohnmobile.
Ebene, asphaltierte Stellflächen.

Brecht (Antwerpen) Ortsmitte ** OF - 16

Parkplatz in der Ortsmitte in ruhiger Lage.

Von der Ausfahrt Brecht (3) der A1 Richtung Brecht fahren (N133) und 600 m - 300 m nach dem Ortsanfang links Richtung Hoogstraaten abbiegen (Gasthuisstraat). Nach 500 m nach der Kirche links abbiegen (**Nollekensweg**). Noch 100 m bis zum Platz links.
Koordinaten: 51° 21,12' Nord, 4° 38,55' Ost.

Gaststätten in der Nähe.
Häuser am Platz.
Müllbehälter am Platz.
Ganzjährig zugänglich.
Für sehr große Mobile nicht geeignet. Eingeschränkter Rangierraum.
Besichtigung von Antwerpen: Rathaus, Grote Markt, Onze-Lieve-Vrouw-Kathedraal, Lange Wapper, Vleeshuis, St.-Paulus, Rubenshaus, Jacobskerk.
Besuch der Museen in Antwerpen: Schifffahrtmuseum, Diamantenmuseum
Modemuseum, Museum der Schönen Künste.
Schiffsrundfahrt auf der Schelde.
Fahrt nach Holland.
Keine Parkgebühr.
Stellmöglichkeiten für 5 Wohnmobile.
Ebene, gepflasterte Stellflächen mit jungen Bäumen.

Grobbendonk (Antwerpen) Brandweer * OF - 17

Wohnmobilplatz an der Brandwache.

Von der Ausfahrt Herentals West/Grobbendonk (20) der A13/E313 Richtung Grobbendonk fahren und nach 1,1 km rechts Richtung Grobbendonk abbiegen. Nach weiteren 2 km - 800 m nach dem Ortsanfang - im Kreisel links dem Wegweiser Brandweer folgen. Noch 100 m bis zum Platz links.
Koordinaten: 51° 11,34' Nord, 4° 44,14' Ost.

Häuser am Platz.
Für große Mobile nicht geeignet. Eingeschränkter Rangierraum.
Ganzjährig zugänglich.
5 min Fußweg zur Ortsmitte.
Wanderungen und Radtouren am Albertkanal.
Besichtigung von Lier: Grote Markt, Rathaus, Belfried,
Vleeshuis, Gevangenenpoort,
Zimmerturm mit Jubiläumsuhr, Begijnhof.
Besichtigung von Antwerpen: Rathaus, Grote Markt,
Onze-Lieve-Vrouw-Kathedraal, Lange Wapper, Vleeshuis,
St.-Paulus, Rubenshaus, Jacobskerk.
Besuch der Museen in Antwerpen: Schifffahrtmuseum,
Diamantenmuseum, Modemuseum,
Museum der Schönen Künste.
Fahrt nach Holland.
Keine Parkgebühr.
Stellmöglichkeiten für 3 kleine Wohnmobile.
Ebene, asphaltierte Stellflächen.

Herentals (Antwerpen) Stadion ** OF - 18

Parkplatz am Stadion in ruhiger Lage.

Bei Anfahrt aus der Stadt Richtung Herenthout fahren und 300 m nach der Brücke über den Albertkanal rechts zum Parkplatz am Stadion abbiegen (**Herenthoutseweg**). Bei Anfahrt von Herenthout 300 m vor der Brücke zum Platz links abbiegen.
Koordinaten: 51° 9,96' Nord, 4° 49,6' Ost.

Häuser am Platz.
Ganzjährig zugänglich.
Sportstätten am Platz.
Wanderungen und Radtouren am Albertkanal.
Besichtigung von Lier: Grote Markt, Rathaus, Belfried,
Vleeshuis, Gevangenenpoort,
Zimmerturm mit Jubiläumsuhr, Begijnhof.
Besichtigung von Antwerpen: Rathaus, Grote Markt,
Onze-Lieve-Vrouw-Kathedraal, Lange Wapper, Vleeshuis,
St.-Paulus, Rubenshaus, Jacobskerk.
Besuch der Museen in Antwerpen:
Schifffahrtmuseum, Diamantenmuseum
Modemuseum, Museum der Schönen Künste.
Fahrt nach Holland.
Keine Parkgebühr.
Stellmöglichkeiten für 10 Wohnmobile.
Ebene, befestigte Stellflächen.

Beginenhöfe und Ambiorix
Brabant und Limburg

Tour 6

Wir wollen die Städte im nördliche Belgien mit ihren malerischen Beginenhöfen in den Provinzen Flämisch Brabant und Limburg erkunden. In Turnhout, Sint-Truiden und Tongeren wurden die Beginenhöfe zum UNESCO-Weltkulturerbe erhoben. Diese Orte der Ruhe und Besinnung bestehen meistens aus einem begrünten, stillen Hof, um den sich einer Reihe weißgetünchter Häuser und eine kleine Kapelle scharen. Beginen waren alleinstehende Frauen, die ein frommes, beschauliches Leben führten, ohne Nonnen zu sein und jederzeit den Beginenhof und die Gemeinschaft wieder verlassen konnten. Arme Frauen ohne Mitgift, die deshalb nicht heiraten konnten, Witwen und enttäuschte adelige Frauen fanden hier Zuflucht. Sie widmeten sich der Krankenpflege und Armenfürsorge. Für ihren Unterhalt sorgten die Frauen durch den Verkauf handwerklich hergestellter Textilen selbst.

In Heusden-Zolder, in Hasselt und in Alken finden wir geeignete Plätze zum Parken und für die Nacht (**BL-1, BL-2 und BL-3**). Der Platz in Alken gefällt uns besonders gut, er bietet viel Raum, er liegt sehr ruhig in einer reizvollen Umgebung und in wenigen Schritten erreichen wir Gaststätten, den Bäcker für unseren Brötchen- und Pralinen-Einkauf und andere Geschäfte.

Hasselt nennt sich "Genever-Stadt". Seit dem 16. Jahrhundert produzierten über 30 Brennereien den begehrten, mit Wacholderbeeren versetzten, hochprozentigen Schnaps aus Gerste und Roggen, heute sind allerdings nur fünf Brennereien übriggeblieben. Wir bummeln über die "Genever-Route", schauen uns die Gebäude der Genevergeschichte, den Brunnen "Borrelmaneke" (Schnapsmännchen) und das Genevermuseum in einer ehemaligen Schnapsbrennerei an. Über die "Moderoute" erreichen wir zahlreiche Boutiquen und modische Geschäfte, die die neuesten Kreationen der Modestadt Hasselt anbieten und das Modemuseum, das uns in 200 Jahre Modekunst Einblick gewährt.

Wir bewundern aber auch den Grote Markt, das schöne Fachwerkhaus Het Sweert, früher eine Herberge, die Virga-Jesse-Basilika, in der das wundertätige Bild der Schwarzen Jungfrau aufbewahrt wird, die St.-Quintinuskathedrale mit dem berühmten Hasseler Glockenspiel und den Vismarkt.

Nördlich von Hasselt ist die Domaine Bokrijk ein touristisches Freizeitparadies. Im größten Freilichtmuseum Europas entdecken wir nicht nur Bauernhöfe, sondern ganze Dörfer mit handwerklichen Betrieben, Windmühlen, Schulen, Häusern und Läden aus Ururomas Zeiten. Für die Kinder sind Streichelzoo, riesige Spielplätze, Fahrgeschäfte und Reitställe vorhanden.

Stellplatz in Alken

Brabant und Limburg Übernachtungsplätze gibt es auch am Ortsrand von Kortessem und am Sportplatz in Tongeren (**BL-4** und **BL-5**). Vom Stellplatz in Tongeren erreichen wir mit dem Fahrrad schnell die Innenstadt. Tongeren, eine römische Gründung, ist die älteste Stadt Belgiens und war eine zeitlang Bischofssitz des heilgen Servatius. Heute lockt die Stadt mit exclusiven Boutiquen, den neuesten Modeschöpfungen und vielseitigen Antiqitäten.

Wir besuchen zunächst den Grote Markt mit dem bronzenen Standbild des Ambiorix, heldenhafter Häuptling der Eburonen und Widersacher der Römer. Danach besichtigen wir das klassizistische Rathaus, Reste der römischen Stadtmauer, Moerenpoort, ein Stadttor aus dem Mittelalter, den idyllischen Beginenhof mit einem Brauhaus der Beginen und einem Pilgergasthof aus dem Mittelalter, die gotische Onze-Lieve-Vrouwe-Basilika mit einem wuchtigen Turm, einem kostbaren Schnitzaltar und einem wertvollen Kirchenschatz. Eine faszinierende Reise in die Vergangenheit erleben wir im Gallo-Römischen Museum.

In Tongeren findet an der Stadtmauer am Sonntag vormittags der größte belgische Antik- und Trödelmarkt statt. Mehrere hundert Händler stellen ihre Waren und Erzeugnisse aus. Wertvolle Schnäppchen, Großmutters Porzellan, altes Werkzeug oder antike Kerzenständer sind auf dem Markt oder in den vielen umliegenden Antiquitätengeschäften zu ergattern. Stöbern zwischen den Waren und Feilschen mit den Händlern machen bei einem Besuch des Marktes viel Spaß.

In Bilzen ist der angebotene Übernachtungsplatz meistens durch Pkw belegt. Aber ganz in der Nähe befindet sich ein zweiter von Fahrzeugen freier Platz (**BL-6**). Einen ruhigen Platz finden wir auch an dem Kastell Alden Biezen (BL-7). Hier errichtete der Deutsche Ritterorden im 16. Jahrhundert ein Wasserschloss als Ordenssitz. Wir besichtigen die großartige Schlossanlage, die im englischen und französischen Stil angelegten Gärten und die gut ausgestatteten Gemächer in den Gebäuden.

Kasteel Alde Biezen

Brabant und Limburg Von Maaseik kann man schnell die deutsche Grenze erreichen, dort übernachten oder sein Ferienhaus auf Rädern auf den großen Plätzen am Schwimmbad abstellen (BL-8). Der Übernachtungsplatz in Opitter liegt zwar in der Ortsmitte, der übernachtende Wohnmobiltourist muss aber mit Belästigung durch Verkehrslärm rechnen (**BL-9**). Wir fahren lieber zum Jachthafen nach Bocholt, blicken auf das durch den Wind bewegte Wasser des Kanals und bewundern die Boote im Hafen (**BL-10**).

In Neerpelt, nicht weit von der niederländischen Grenze, übernachtet man in einer ruhigen Umgebung und erreicht die Innenstadt in wenigen Minuten (**BL-11**). Mitten im Ortszentrum befindet sich der Platz in Achel (**BL-12**). Allerdings muss man in der Nacht mit ruhestörenden Verkehrsgeräuschen rechnen. Unsere nächste Tour soll uns in den niedändischen Teil Limburgs führen. Wir fahren deshalb ein paar Kilometer zurück und schlafen ruhig und zufrieden am Passantenhafen in Neerpelt.

Die Provinzen Flämisch Brabant und Limburg sind weniger bebaut und bewohnt als Ost- und Westflandern mit ihren dicht besiedelten städtischen Gebieten. Nach den vielen Besichtigungen der sehenswerten Städte in Flandern wurde diese Tour zu einer Erholungsfahrt mit vielen neuen landschaftlichen Eindrücken. Endlose Viehweiden, karge Heideflächen mit Wacholder und Birken, lange Wasserstraßen und viele Jachthäfen haben uns beeindruckt.

Die Küche in diesem flachen Landstrich ist durch die flämisch-niederländische Deftigkeit, vermischt mit französischer Feinschmeckerart bekannt. Pommes, Pfannkuchen, Muscheln, Scholle, Aal, Rind- und Schweinfleisch werden einfach oder mit viel Raffinesse zubereitet und mit allen denkbaren Beilagen versehen. Wir haben uns auf dieser Tour oft von den Köchen und Kellnern des Landes verwöhnen lassen.

Stellplatz am Passantenhafen in Bocholt

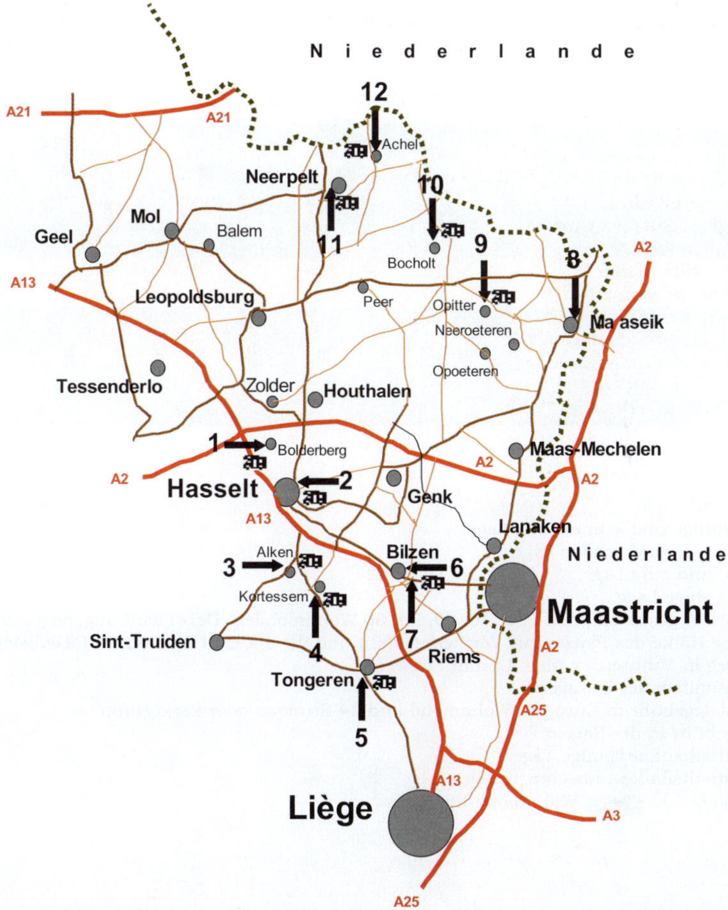

Tour 6

Belgisch Limburg

Tour 6: **Belgisch Brabant und Limburg**

Nr.	Ort, Bezeichnung	Stell-plätze	Gast-haus	Häu-ser	WC	Bad See	Orts-nähe	Ent-sorg.	Park-dauer	Park-gebühr
		A					B		C	D
BL-1	Heusden-Zolder, Domein Bovy **	10	+	+	-	-	10	-	2	0
BL-2	Hasselt, Kempische Kaai *	10	-	+	-	-	10	-	1	0
BL-3	Alken, De Alk ****	20	+	+	-	-	6	-	1	0
BL-4	Kortessem, Ortsrand **	3	+	+	-	-	4	-	2	0
BL-5	Tongeren, Sportzentrum **	20	+	+	-	-	8	-	2	0
BL-6	Bilzen, Tabaert **	3	-	+	-	-	5	-	1	0
BL-7	Bilzen, Alde Biezen ***	10	+	+	-	-	x	-	1	0
BL-8	Maaseik, Schwimmbad **	20	+	+	-	+	x	-	1	0
BL-9	Bree-Opitter, Ortsmitte *	5	+	+	-	-	3	-	1	0
BL-10	Bocholt, Passantenhaven ***	3	-	+	-	-	10	-	2	0
BL-11	Neerpelt, Passantenhaven ***	10	-	+	-	-	12	-	2	0
BL-12	Achel, Ortszentrum *	10	+	+	-	-	2	-	1	0
BL-13	Waldfeucht, Tilderweg ***	10	+	+	-	-	15	+	4	0

Legende

****	sehr ruhige und sehr schöne Lage.
***	sehr ruhige und schöne Lage.
**	ruhige und gute Lage.
*	keine ruhige Lage.
A	Stellplätze gestaffelt nach 3, 5, 10, 20, 30, 50 Wohnmobilen. Dabei wird angenommen, dass nur die Hälfte des Platzes zur Verfügung steht und die andere Hälfte durch PKW belegt ist.
B	Fußweg in Minuten, x über 15 min Fußweg.
C	Aufenthaltsdauer in Tagen.
D	Stellplatzgebühr in Euro pro Wohnmobil und 24 Stunden oder Parkgebühr.
P	Parkgebühr in der Saison.
T	Aufenthaltsdauer einige Tage.
U	Aufenthaltsdauer unbegrenzt.

(gelb) Parkplatz (grün) Wohnmobil-Stellplatz

Heusden-Zolder (Limburg) Bolderberg Domein Bovy ** BL - 1

Übernachtungsplätze auf dem Parkplatz Domein Bovy in Bolderberg.

Von der Ausfahrt Zolder-Terlaemen (27) der A13/E313 Richtung Hasselt fahren (N729) und nach 2 km im Kreisel rechts Richtung Domein Bovy fahren (**Galgeneinde 22**). Nach 300 m wird der Platz links erreicht.
Koordinaten: 50° 59,21' Nord, 5° 16,23' Ost.

Gaststätten und Häuser am Platz.
Ganzjährig zugänglich.
Aufenthaltsdauer 48 Stunden.
Besuch des Freizeit- und Erholungsparks Domein Bovy.
10 min Fußweg zur Ortsmitte.
Wanderungen und Radtouren. Schlösser-Fahrradroute.
Auto-Rennstrecke Zolder in 2 km Entfernung.
Besichtigung von Hasselt: Grote Markt, Het Sweert, Vismarkt, St.-Quintinuskathedraal, Virga-Jesse-Basilika, Genevermuseum, Modemuseum.
Ausflug zum Park Midden-Limburg.
Besichtigung des Kastels Alde Biezen in Hoeselt.
Besichtigung von Tongeren: Grote Markt, Rathaus, Ambiorix (Eburonen-Häuptling), Stadtmauer, Moerenpoort, Onze-Lieve-Vrouw-Basiliek, Beginenhof, Gallo-Römisches Museum.
Fahrt nach Maastricht.
Keine Stellplatzgebühr.
Stellmöglichkeiten für 10 Wohnmobile, 3 Mobile ausgewiesen.
Ebene, gepflasterte Stellflächen.
Ausweichparkplatz 1 km vorher rechts von der N729.
Internet: www.domeinbovy.be.

Hasselt (Limburg) Kempische Kaai * BL - 2

Übernachtungsplatz auf dem Großparkplatz Kempische Kaai am Kanal.

Von der Ausfahrt Hasselt-Zuid (28) der A13/E313 Richtung Hasselt fahren (N80) und nach 200 m links Richtung Diest (N2/R71) abbiegen. Nach 4,2 km auf dem Ring rechts Richtung Centrum/Kempische Kaai abbiegen. Noch 200 m bis zum Platz rechts.
Koordinaten: 50° 56,36' Nord, 5° 20,21' Ost.

Blick auf den Kanal.
Häuser am Platz.
Verkehrsgeräusche durch nahe Straßen.
Ganzjährig zugänglich.
Aufenthaltsdauer 24 Stunden.
Besichtigung von Hasselt: Grote Markt, Het Sweert, Vismarkt, St.-Quintinuskathedraal, Virga-Jesse-Basilika, Genevermuseum, Modemuseum.
Besichtigung der Auto-Rennstrecke Zolder.
Besichtigung des Kastels Alde Biezen in Hoeselt.
Besichtigung von Tongeren: Grote Markt, Rathaus, Ambiorix (Eburonen-Häuptling), Stadtmauer, Moerenpoort, Onze-Lieve-Vrouw-Basiliek, Beginenhof, Gallo-Römisches Museum.
Ausflug zum Park Midden-Limburg.
Fahrt nach Maastricht.
Keine Stellplatzgebühr.
Stellmöglichkeiten für 10 Wohnmobile.
Ebenes, unbefestigtes Parkgelände.

Alken (Limburg) Recreatiedomein De Alk **** BL - 3

Übernachtungsplatz am Erholungsgebiet De Alk in sehr ruhiger und sehr schöner Lage.

Von der Ausfahrt Hasselt-Zuid (28) der A13/E313 Richtung Sint-Truiden/Alken fahren (N80) und nach 3,4km - 600 m nach dem Ortsanfang (gelbes Schild) - links abbiegen. Nach 100 m rechts Richtung Centrum fahren und nach weiteren 900 m links Richtung Centrum fahren (Dorpstraat). Nach weiteren 1,1 km an der Kirche links dem Wegweiser Recreatiedomain De Alk folgen (Laagdorp). Nach 200 m rechts fahren (**Kouterman**). Noch 200 m bis zum Platz rechts (kein Wohnmobilschild).
Koordinaten: 50° 52,55' Nord, 5° 18,76' Ost.

Gaststätte und Häuser am Platz.
Bäcker und Supermarkt in der Nähe.
Sporthalle, Spielplatz, Sportplatz und Minigolf am Platz.
Ganzjährig zugänglich.
Aufenthaltsdauer 24 Stunden.
6 min Fußweg zur Ortsmitte.
Wanderungen und Radtouren. Fahrradverleih in der Nähe.
Besichtigung von Hasselt: Grote Markt, Het Sweert, Vismarkt, St.-Quintinuskathedraal, Virga-Jesse-Basilika, Genevermuseum, Modemuseum.
Besichtigung des Kastels Alde Biezen in Hoeselt.
Besichtigung von Tongeren: Grote Markt, Rathaus, Ambiorix (Eburonen-Häuptling), Stadtmauer, Moerenpoort, Onze-Lieve-Vrouw-Basiliek, Beginenhof, Gallo-Römisches Museum.
Ausflug zum Park Midden-Limburg.
Fahrt nach Maastricht.
Keine Stellplatzgebühr.
Stellmöglichkeiten für 20 Wohnmobile.
Ebene, asphaltierte Stellflächen mit Baumstreifen.

Kortessem (Limburg) Ortsrand ** BL - 4

Übernachtungsplatz an den Tennisplätzen in ruhiger Lage.

Von der Ausfahrt Diepenbeek (30) der A13/E313 Richtung Kortessem fahren (N76) und nach 4,5 km - 400 m nach dem Ortsanfang (Dorpstraat) gleich nach der Kirche links abbiegen (**Kerkplein**). Nach 200 m links und gleich wieder rechts zum Platz abbiegen.
Koordinaten: 50° 51,45' Nord, 5° 23,49' Ost.

Gaststätten in der Nähe. Häuser am Platz.
Abfallkorb am Platz.
Ganzjährig zugänglich.
Aufenthaltsdauer 48 Stunden.
4 min Fußweg zur Ortsmitte.
Wanderungen und Radtouren in Limburg.
Besichtigung von Hasselt: Grote Markt, Het Sweert, Vismarkt, St.-Quintinuskathedraal, Virga-Jesse-Basilika, Genevermuseum, Modemuseum.
Besichtigung des Kastels Alde Biezen in Hoeselt.
Besichtigung von Tongeren: Grote Markt, Rathaus, Ambiorix (Eburonen-Häuptling), Stadtmauer, Moerenpoort, Onze-Lieve-Vrouw-Basiliek, Beginenhof, Gallo-Römisches Museum.
Ausflug zum Park Midden-Limburg.
Fahrt nach Maastricht.
Keine Stellplatzgebühr.
Stellmöglichkeiten für 3 Wohnmobile.
Ebene, asphaltierte Stellflächen.
Ausweichparkplatz für 5 Mobile 50 m weiter links.

Tongeren (Limburg) Sportzentrum ** BL - 5

Übernachtungsplatz am Sportzentrum in ruhiger Lage.

Von der Ausfahrt Tongres (Tongeren) (33) der A3/E40 Richtung Tongeren fahren (N20) und nach 12,7 km - 1,3 km nach dem Ortsanfang - im Kreisel geradeaus Richtung Centrum fahren. Nach 500 m rechts abbiegen (Luikerstraat). Nach 300 m rechts fahren (**Kastanjewal**). Noch 100 m bis zur Einfahrt.
Koordinaten: 50° 46,60' Nord, 4° 27,98' Ost.

Gaststätte am Platz.
Häuser am Platz.
Schwimmbad und Freizeitanlagen in der Nähe.
Ganzjährig zugänglich.
Aufenthaltsdauer 48 Stunden.
Wohnmobile oft anzutreffen.
8 min Fußweg zur Stadtmitte.
Besichtigung von Tongeren: Grote Markt, Rathaus, Ambiorix (Eburonen-Häuptling), Stadtmauer, Moerenpoort, Onze-Lieve-Vrouw-Basiliek, Beginenhof, Gallo-Römisches Museum.
Fahrt nach Lüttich.
Keine Stellplatzgebühr.
Stellmöglichkeiten für 20 Wohnmobile.
Ebene, gepflasterte Stellflächen mit Randbäumen.
Bei Veranstaltungen durch Pkw belegt.

Bilzen (Limburg) Tabaert ** BL - 6

Übernachtungsplatz am Ortsrand in ruhiger Lage.

Von der Ausfahrt Bilzen (31) der A13/E313 Richtung Bilzen fahren (N730) und nach 1,3 km im Kreisel halbrechts durch die Unterführung fahren (Parklaan). Nach 600 m rechts (Demerwal) und nach 300 m wieder rechts abbiegen (Brugstraat). Nach weiteren 300 m links in die Tabaertstraat abbiegen (Einbahnstraße). Nach 500 m links abbiegen (**Akerdijk**). Nach 200 m links zum Parkplatz fahren. Parkplatz Brandweer für Wohnmobile 100 m rechts (**Tweevoetjesweg**).
Koordinaten: 50° 52,20' Nord, 5° 31,35' Ost.

Häuser am Platz.
Müllbehälter am Platz.
Ganzjährig zugänglich.
Aufenthaltsdauer 24 Stunden.
5 min Fußweg zur Stadtmitte.
Wanderungen und Radtouren in Limburg.
Besichtigung des Kastels Alde Biezen in Hoeselt.
Besichtigung von Tongeren: Grote Markt, Rathaus, Ambiorix (Eburonen-Häuptling), Stadtmauer, Moerenpoort, Onze-Lieve-Vrouw-Basiliek, Beginenhof, Gallo-Römisches Museum.
Ausflug zum Park Midden-Limburg.
Fahrt nach Lüttich.
Fahrt nach Maastricht.
Keine Stellplatzgebühr.
Stellmöglichkeiten für 3 Wohnmobile.
Ebene, gepflasterte Stellflächen.
Ausgewiesener Platz Brandweer auch im Winter oft durch Lkw und Pkw belegt.

Bilzen-Hoeselt (Limburg) Alde Biezen *** BL - 7

Parkplatz am Kasteel Alde Biezen in sehr ruhiger und schöner Lage.

Von der Ausfahrt Bilzen (31) der A13/E313 Richtung Hoeselt fahren (N730) und nach 1,2 km links in die Stationsstraat abbiegen. Nach 300 m rechts über die Bahnlinie fahren (**Pasbrugstraat**). Nach weiteren 1,8 km - 1,5 km nach dem Ortsende Hoeselt - rechts zum Parkplatz abbiegen.
Koordinaten: 50° 50,54' Nord, 5° 31,09' Ost.

Gaststätte und Häuser am Platz.
Müllbehälter am Platz.
Ganzjährig zugänglich.
Aufenthaltsdauer 24 Stunden.
Wanderungen und Radtouren in Limburg.
Besichtigung des Kastels Alde Biezen.
Besichtigung von Tongeren: Grote Markt, Rathaus, Ambiorix (Eburonen-Häuptling), Stadtmauer, Moerenpoort, Onze-Lieve-Vrouw-Basiliek, Beginenhof, Gallo-Römisches Museum.
Ausflug zum Park Midden-Limburg.
Fahrt nach Lüttich.
Fahrt nach Maastricht.
Keine Stellplatzgebühr.
Stellmöglichkeiten für 10 Wohnmobile.
Ebene und leicht schräge, gepflasterte Stellflächen.

Kastel Alde Biezen

Stellplatz an der Maas

Beginenhof in Diksmuide

Maaseik (Limburg) Schwimmbad *** BL - 8

Parkplatz am Schwimmbad in sehr ruhiger und schöner Lage.

Von Maasmechelen nach Norden Richtung Niederlande fahren (N78) und von der Umgehungsstraße im Kreisel links Richtung P4/Sportcentrum abbiegen. Nach 300 m rechts fahren und nach weiteren 500 m rechts dem Wegweiser P4 folgen (**Sportlaan**). Nach 300 m rechts zum Parkplatz Schwimmhalle abbiegen. Noch 200 m bis zu den hinteren Parkplätzen.
Koordinaten: 51° 6.07' Nord, 5° 47,38' Ost.

Gaststätte und Häuser am Platz.
Spielplatz in der Nähe.
Schwimmhalle, Sporthalle und Sportstätten am Platz.
Bushaltestelle am Platz.
Ganzjährig zugänglich.
Aufenthaltsdauer 24 Stunden.
Besichtigung von Maaseik: Marktplatz, Häuser im maasländischen Stil, Haus "De Blauwe Leeuw".
Wanderungen und Radtouren im Maasland.
Ausflug nach Holland.
Keine Stellplatzgebühr.
Stellflächen für 20 Wohnmobile.
Ebene, asphaltierte Stellflächen.

Bree-Opitter (Limburg) Ortsmitte * BL - 9

Übernachtungsplatz in der Ortsmitte.

Von der N73 in Bree Richtung Opitter abbiegen (N721) und nach 3,5 km - 2,4 km nach dem Ortsanfang (gelbes Schild) - links vor der Kirche zum Parkplatz (**Pater Neyenslaan**) abbiegen.
Koordinaten: 51° 7,07' Nord, 5° 38,72' Ost.

Kiosk am Platz.
Gaststätten und Geschäfte in der Nähe.
Häuser und Tankstelle am Platz.
Ganzjährig zugänglich.
Aufenthaltsdauer 24 Stunden.
3 min Fußweg zur Ortsmitte.
Wanderungen und Radtouren.
Ausflug nach Holland.
Keine Stellplatzgebühr.
Stellflächen für 5 Wohnmobile ausgewiesen.
Ebene, gepflasterte Stellflächen.

Bocholt (Limburg) Passantenhaven ** BL - 10

Wohnmobilplatz am Jachthafen in ruhiger und schöner Lage.

Von der N76 (Hamont-Bree) Richtung Bocholt-Centrum abbiegen und nach 400 m am Ortsanfang rechts und gleich wieder links abbiegen (**Schipperstraat**). Noch 500 m bis zum Platz rechts. Bei Anfahrt aus dem Süden von Bree 1 km nach dem Kreisel links abbiegen. Dann wie oben.
Koordinaten: 51° 10,66' Nord, 5° 35,11' Ost.

Blick auf den Kanal.
Häuser am Platz.
Jachthafen am Platz.
Ganzjährig zugänglich.
Aufenthaltsdauer 48 Stunden.
10 min Fußweg zur Ortsmitte.
Wanderungen und Radtouren am Kanal.
Motorboot-Tour auf dem Kanal.
Ausflug nach Holland.
Keine Stellplatzgebühr.
Stellmöglichkeiten für 3 Wohnmobile.
Ebene, gepflasterte Stellflächen.

Neerpelt (Brabant) Passantenhaven *** BL - 11

Übernachtungsplatz am Jachthafen in sehr ruhiger und schöner Lage.

Von der N74 (Hasselt-Neerpelt) Richtung Neerpelt abbiegen und nach 2 km im Kreisel links Richtung Neerpelt abbiegen (N712). Nach 500 m an der Kirche links abbiegen (Einbahnstraße) und nach 100 m rechts fahren. Nach weiteren 100 m links dem Wegweiser Passantenhaven folgen (**Jaak Tassetstraat**). Nach 200 m links fahren und nach 100m rechts nach dem gläsernen Gebäude links zur Einfahrt abbiegen. Noch 100 m. Koordinaten: 51° 13,98' Nord, 5° 25,79' Ost.

Kanal am Platz.
Häuser am Platz.
Ganzjährig zugänglich.
Aufenthaltsdauer 48 Stunden.
12 min Fußweg zur Ortsmitte.
Wanderungen und Radtouren am Kanal.
Motorboot-Tour auf dem Kanal.
Ausflug nach Holland.
Fahrt nach Antwerpen.
Keine Stellplatzgebühr.
Stellmöglichkeiten für 10 Wohnmobile.
Ebene, gepflasterte Stellflächen.
Internet: www.neerpelt.be.

Achel (Brabant) Ortszentrum * BL - 12

Übernachtungsplätze auf einem Großparkplatz im Ortszentrum.

Von Peer Richtung Achel fahren (N748) und 1,3 km nach der Kreuzung N748/N71 - 500 m nach dem Ortsanfang vor der Kirche - rechts abbiegen (**Kasteeldreef**). Noch 200 m bis zum Parkplatz links.
51° 15,23' Nord, 5° 28,85' Ost.

Gaststätten und Geschäfte in der Nähe.
Häuser am Platz.
Ganzjährig zugänglich.
Dienstags von 7-13.00 Uhr gesperrt.
Aufenthaltsdauer 24 Stunden.
2 min Fußweg zur Ortsmitte.
Ausflug nach Holland.
Fahrt nach Antwerpen.
Keine Stellplatzgebühr.
Stellmöglichkeiten für 10 Wohnmobile.
Ebene, gepflasterte Stellflächen.

Ein Kunstwerk am Strand

D-Waldfeucht Tilderweg *** BL - 13

Wohnmobilplatz am Ortsrand in sehr ruhiger und schöner Lage.

Von Heinsberg Richtung Waldfeucht fahren und 700 m nach dem Ortsanfang Waldfeucht rechts Richtung Brüggelchen abbiegen (Furter Straße). Nach weiteren 700 m - 300 m nach dem Ortsende Waldfeucht - links dem Wohnmobil-Symbol folgen (**Tilder Weg**). Noch 100 m bis zum Wohnmobilplatz links.
Koordinaten: 51° 4,2' Nord, 5° 59,7' Ost.

Gaststätte in der Nähe.
Häuser am Platz.
Landschaftsblick.
Ver- und Entsorgung am Platz (Holiday Clean).
Gebühr für Wasser 1 €.
Abfallkörbe am Platz.
Stromanschlüsse vorhanden. Gebühr 0,50 €.
Bänke und Tische am Platz.
Aufenthaltsdauer 4 Tage.
Ganzjährig zugänglich.
18 min Fußweg zur Ortsmitte.
Wanderungen und Radtouren
im Naturpark Maas-Schwalm-Nette.
Ausflug nach Holland.
Stellmöglichkeiten für 10 Wohnmobile.
Ebene Stellflächen auf Rasengittersteinen. Boxenlänge 8 m.
Sehr große Mobile Längsaufstellung auf Pkw-Flächen.
Keine Parkgebühr.

Stellplatz in Aalten

Sanfte Hügel und lebenlustige Menschen

Niederländisch Limburg

Tour 7

Die Menschen im südlichen Zipfel der Niederlande sind lebenslustig und fröhlich. Die Verwandtschaft mit der Mentalität der Rheinländer ist unverkennbar. Die Provinz Limburg war mal deutsch, mal spanisch, mal belgisch, mal französich und gehört erst seit 100 Jahren zu den Niederlanden. Mit der deutschen Sprache hat man keine Schwierigkeiten im Süden der Niederlande.

Der höchste "Berg" der Niederlande ist mit 322 Metern der Vaalser Berg am Dreiländereck Niederlande-Belgien-Deutschland. Vom Gipfel haben wir einen herrlichen Blick auf das limburgische Hügelland und die Landschaft um Aachen.

Valkenburg ist durch seine Therme bekannt. Schon seit dem 18. Jahrhundert tummeln und erholen sich die Touristen in dem mineralhaltigen Wasser. Die Stadt liegt auf einem Hügel, zu dem viele Haarnadelkurven hinaufführen, eine beliebte Rennstrecke für Radler. Über der Stadt thront die Burgruine Valkenburg. Bei Kindern ist der Märchenpark Sprookjesbos beliebt. Hier bewundern die Kleinen Märchenfiguren, toben durch Grotten und turnen auf den großen Abenteuer-Spielplätzen.

Die Hauptstadt der Provinz Limburg ist das katholische Maastricht, bekannt durch die Maastrichter Verträge der Europäischen Union. Der Ort ist eine römische Gründung. Von der mittelalterlichen Festung ist nur das Höllentor (Helpoort) übriggeblieben. Weitere Sehenswürdigkeiten sind die St.-Servaaskerk mit einem Reliquienschatz und dem Grab des heiligen Servatius aus dem 11. Jahrhundert, der Vrijthof, ein Platz im Zentrum mit französischem Flair und das Bonnefantenmuseum mit einer Pieter-Brueghel-Sammlung, Maastrichter Silber und Keramik und interessanten archäologischen Exponaten.

Ein unvergessenes Erlebnis haben wir in dem Labyrinth der berühmten St.-Pietersberg-Grottengängen der Stadt, entstanden durch den Abbau von Mergel als Baustoff. Im Laufe der Jahrhunderte entstanden mehr als 20.000 Gänge, die häufig als Schutzraum benutzt wurden.

Von diesem Zipfel der Niederlande ist man schnell über die deutsche Grenze gefahren und kann in Straelen oder Brüggen gut und ruhig übernachten (**NL-1** und **NL-2**) Wir übernachten in Neer auf einem sehr schönen und ruhigen Übernachtungsplatz an der Maas (**NL-3**). Zwei Nächte dürfen wir hier bleiben, beobachten die Frachtschiffe und Sportboote auf dem Fluss, wandern an seinem Ufer entlang und genießen die deftige Küche im Ort.

An der Maas in Neer

Niederländisch Limburg

Nördlich von Maastricht besuchen wir an der belgischen Grenze Thorn, eine sehenswerte Stadt mit weißen Häusern aus dem 18. Jahrhundert, in denen heute zahlreiche Gaststätten und Kneipen um Touristen werben. Von dem berühmten Kloster aus dem Mittelalter ist nur die Abteikirche erhalten.

Venlo an der deutschen Grenze wird von vielen Deutschen zum Einkaufen aufgesucht. Auf den Feldern der Umgebung wachsen Spargel, Pilze, Tomaten und Gurken. Die Maas überschwemmt das flache Land immer wieder. Im Limburger Museum erleben wir die Geschichte der letzten 200 Jahre. Gezeigt werden auch die verschiedenen Verkleidungen der Karnevalszeit. Zeitgenössische Kunst zeigt das Museum Van Bommel.

Auf dem ehemaligen Zollabfertigungsplatz an der Autobahn darf man übernachten (**NL-4**). Am äußersten Rand des Platzes sind die Geräusche der Autobahn nur noch schwach zu hören. Auch auf dem Abfertigungsplatz in Gennep an der Autobahn besteht die Möglichkeit zum Übernachten (**NL-5**). Auf dem großen Parkplatz des Restaurants Old Inn außerhalb der Ortschaft Ottersum stellen wir die Räder unseres Ferienhauses ab (**NL-6**).

Nijmegen an der Waal ist die älteste Stadt der Niederlande, schon vor 2000 Jahren gegründet. Karl der Große und Friedrich Barbarossa besaßen hier schon eine Pfalz und eine Burg. Wir bummeln durch die lebhafte Stadt, besichtigen das Stadhuis aus dem 17. Jahrhundert und besuchen das Bijbels Openlucht Museum (Bibel-Freilichtmuseum), das nicht nur das Christentum, sondern auch andere Religionen darstellt. Im Nationaal Fietsmuseum Velorama (Nationale Fahrradmuseum) erleben wir die Geschichte der historischen Zwei- und Dreiräder.

Einen sehr ruhigen Wohnmobilplatz entdecken wir in Millingen am Rhein unmittelbar an der deutschen Grenze (**NL-7**). Gemächlich strömt hier der sehr breite Fluss durch das flache Land. Fahrradtouren führen auf den Deichen bis nach Kleve und Venloh. In dieser Landschaft erlebt man keine Hektik, sondern Entspannung und Erholung pur. Leider dürfen wir hier nur eine Nacht bleiben. So lenken wir unser Fahrzeug am nächsten Morgen nach Westen Richtung Küste.

Am Rhein in Millingen

Tour 7
Niederländisch
Limburg
Nijmegen
Maas
A73
A326
A50
A59
Heesch
Millingen
7
Rindern
Groesbeek
Kranenburg
Kleve
8
Mook
Bedburg-Hau
Cuijk
6
5
Ottersum
Gennep
Deutschland
Goch
A57
Mill
Uden
Veghel
Boekel
St.Anthonis
Boxmeer
Bergen
A50
St-Oedenrode
Oploo
De Huf
Gemert
Venray
Son
Wanssum
Hetmond
Meerlo
Ysselsteyn
1
Arcen
Deurne
Eindhoven
A67
Sevenum
Straelen
4
Heeze
Asten
Someren
A2
Leende
Venlo
Maasbree
Meije
Tegelen
Maarheeze
Helden
2
3
Nederweert
Genholt
Neer
Brüggen
Swalmen
Beogden
Ittervoort
Roermond
Kinrooi
Posterholt
Monttorf
Maaseik
Echt
Belgien
Susteren
Waldfeucht
Dilsen
Selfkant
Sittard
Deutschland
Geilenkirchen
Geleen
Brunssum
Hoensbroek
A76

Tour 7: Niederländisch Limburg

Nr.	Ort, Bezeichnung	Stell-plätze	Gast-haus	Häu-ser	WC	Bad See	Orts-nähe	Ent-sorg.	Park-dauer	Park-gebühr
		A					B		C	D
NL-1	D-Straelen, Hallenbad ***	10	+	+	-	+	10	-	1	0
NL-2	D-Brüggen, Heide Camp ***	30	+	-	+	-	x	+	U	14
NL-3	Neer, Jachthafen ****	5	-	+	-	-	15	-	2	7,50
NL-4	Venlo, Routiers Venlo *	20	+	-	+	-	x	+	1	0
NL-5	Gennep, Routiers Gennep *	20	+	-	+	-	x	+	1	0
NL-6	Ottersum, Old Inn **	10	+	-	-	-	x	-	1	0
NL-7	Millingen, Gelderse Poort ***	4	+	+	-	-	10	-	1	0
NL-8	D-Kleve, Begegnungsstätte ***	10	+	+	-	-	x	+	1	0

Legende

****	sehr ruhige und sehr schöne Lage.
***	sehr ruhige und schöne Lage.
**	ruhige und gute Lage.
*	keine ruhige Lage.
A	Stellplätze gestaffelt nach 3, 5, 10, 20, 30, 50 Wohnmobilen. Dabei wird angenommen, dass nur die Hälfte des Platzes zur Verfügung steht und die andere Hälfte durch PKW belegt ist.
B	Fußweg in Minuten, x über 15 min Fußweg.
C	Aufenthaltsdauer in Tagen.
D	Stellplatzgebühr in Euro pro Wohnmobil und 24 Stunden oder Parkgebühr.
P	Parkgebühr in der Saison.
T	Aufenthaltsdauer einige Tage.
U	Aufenthaltsdauer unbegrenzt.

Parkplatz (gelb) — Wohnmobil-Stellplatz (grün)

D-Straelen Hallenbad *** NL - 1

Gepflasterter **Übernachtungsplatz** am Hallenbad in sehr ruhiger und schöner Lage.

Von der Ausfahrt Straelen (2) der Autobahn A40 Richtung Geldern/Straelen fahren (B221) und nach 5,2 km links Richtung Straelen abbiegen. Nach 1,4 km links dem Wegweiser Hallenbad folgen. Noch 200 m bis zum Parkplatz links (**Beethovenstraße**). Koordinaten: 51° 26,4' Nord, 6° 15,8' Ost.

Häuser am Parkplatz.
Gaststätte in der Nähe.
Lebensmittelgeschäft und Bäcker am Parkplatz.
Müllkörbe am Parkplatz.
Hallenbad und beheiztes Freibad am Parkplatz.
10 min Fußweg zur Stadtmitte.
Besichtigung von Straelen: Pfarrkirche St. Peter und Paul, Marktplatz, Bürgerhäuser.
Wanderungen und Radtouren im Naturpark Schwalm-Nette und im Naherholungsgebiet Paesmühle.
Fahrradverleih im Ort.
Besuch eines Blumenmarktes im Frühjahr und Herbst und des Stadtfestes im Sommer.
Besichtigung von Geldern: Mühlenturm, Schloss Haag, Steprather Mühle.
Keine Parkgebühr.
Stellmöglichkeiten für 10 Wohnmobile.
Ebene, gepflasterte Stellflächen.
Informationen: Fremdenverkehrsamt Tel. (0 28 34) 702 - 115.

D-Brüggen-Genholt Heide Camp *** NL - 2

Wohnmobilplatz in einer Grünanlage mit Bäumen in sehr ruhiger und schöner Lage.

Von der Ausfahrt Kaldenkirchen Süd (3) der A61 Richtung Brüggen fahren und nach 1 km im Kreisel geradeaus Richtung Bracht fahren. Nach 6,5 km am Ortseingang Genholt hinter dem China-Restaurant rechts abbiegen. Noch 600 m bis zum Platz (**St.-Barbara-Straße 38**).
Koordinaten: 51° 15,39' Nord, 6° 9,95' Ost.

Gaststätte am Parkplatz.
Ver- und Entsorgung am Platz.
Stromanschluss möglich.
WC und sanitäre Einrichtungen am Platz.
Müllbehälter am Stellplatz.
Ganzjährig zugänglich.
Aufenthaltsdauer nicht begrenzt.
Wohnmobile oft anzutreffen.
Besichtigung von Brüggen: Burg, Altstadt.
Wander- und Radwege im Naturpark Schwalm-Nette.
Fahrt nach Holland.
Parkgebühr: 4 € pro Mobil, 5 € pro Person.
Stellmöglichkeiten für 30 Wohnmobile.
Asphaltierte, ebene Stellflächen.
Informationen: Tourist-Information Tel. (0 21 57) 87 36 22.
Internet: www.brachter-wald.de.

Neer (Limburg) Jachthafen **** NL - 3

Wohnmobilplatz am Jachthafen in sehr ruhiger und sehr schöner Lage.

Bei Anfahrt aus dem Süden von Maaseik (N273) am Ortsanfang rechts abbiegen (Engelmansstraat). Nach 1,1 km nach der Kirche rechts abbiegen (Bergerstraat). Nach 600 m rechts in die Straße **Hanssum** abbiegen und nach 200 m diesem Straßenschild rechts folgen. Nach 400 m rechts dem Wegweiser WSV Hanssum folgen. Noch 200 m bis zum Platz an der Maas.
Koordinaten: 51° 15,47' Nord, 6° 0,26' Ost.

Blick auf die Maas.
Häuser in der Nähe.
Dusche im Clubgebäude: Gebühr 0,50 €.
Stromanschluss möglich: Gebühr 1 € pro Tag.
Ganzjährig zugänglich.
Aufenthaltsdauer 48 Stunden.
Motorboot-Tour auf der Maas.
Besichtigung von Venlo: Altstadt, Limburgs Museum, Museum Van Bommel.
Ausflug nach Belgien.
Stellplatzgebühr: 7,50 € (beim Hafenmeister entrichten).
Stellflächen für 5 Wohnmobile.
Ebene, gepflasterte Stellflächen.
Internet: www.wsvhanssum.nl.

Venlo (Limburg) Routiers Venlo * NL - 4

Übernachtungsplatz an der Zollabfertigung der Autobahn A67.

Von Duisburg (A40) Richtung Niederlande fahren und unmittelbar nach der Grenze rechts zum LKW-Parkplatz abbiegen. Nach hinten durchfahren. Aus Richtung Venlo nicht zu erreichen.
Koordinaten: 51° 23,10' Nord, 6° 12,92' Ost.

Gaststätte am Platz.
Keine Tankstelle.
WC und Müllbehälter am Platz.
Entsorgung möglich.
Ganzjährig zugänglich.
Aufenthaltsdauer 24 Stunden.
Besichtigung von Venlo: Altstadt, Limburgs Museum, Museum Van Bommel.
Wanderungen und Radtouren im Maasland.
Fahrt nach Nijmegen.
Fahrt nach Eindhoven.
Ausflug nach Deutschland.
Stellflächen für 20 Wohnmobile.
Ebene,asphaltierte Stellflächen.
Keine Parkgebühr.
Tel. 0031-77/3514690.
Internet: www.routiers-restaurants.com.

Gennep (Limburg) Routiers Gennep * NL - 5

Übernachtungsplatz an der Zollabfertigung der Autobahn A77.

Von Goch (A57) Richtung Niederlande fahren und unmittelbar nach der Grenze rechts zum LKW-Parkplatz abbiegen. Zu den hinteren Plätzen fahren.
Koordinaten: 51° 40,65' Nord, 6° 1,67 Ost.

Gaststätte und Bank am Platz.
Keine Tankstelle.
WC, Dusche (Gebühr 1 €) und Müllbehälter am Platz.
Entsorgung möglich.
Ganzjährig zugänglich.
Aufenthaltsdauer 24 Stunden.
Fahrt nach Venlo.
Fahrt nach Nijmegen.
Fahrt nach Eindhoven.
Ausflug nach Deutschland.
Stellflächen für 20 Wohnmobile.
Ebene,asphaltierte Stellflächen.
Keine Parkgebühr.
Tel. 0031-485/515122.
Internet: www.routiers-restaurants.com.

Ottersum (Limburg) Old Inn ** NL - 6

Übernachtungsplatz an der Gaststätte Old Inn in ruhiger und schöner Lage.

Von der Kreutzung A73/A77 Richtung Deutschland/Köln fahren. Von der Ausfahrt Gennep (2) der A77 Richtung Gennep fahren (N271) und nach 5,6 km rechts Richtung Ottersum abbiegen (N291). Nach 2,2 km - 800 m nach dem Ortsanfang - rechts Richtung Siebengewald fahren. Noch 2,2 km bis zum Platz links (**Siebengewaldseweg 13**). Koordinaten: 51° 41,36' Nord, 6° 0,41' Ost.

Gaststätte am Platz.
Wasserversorgung und Müllentsorgung möglich.
Ganzjährig zugänglich.
Aufenthaltsdauer 24 Stunden.
Wanderungen und Radtouren im Maasland.
Fahrt nach Venlo.
Fahrt nach Nijmegen.
Fahrt nach Eindhoven.
Ausflug nach Deutschland.
Stellflächen für 10 Wohnmobile.
Ebene, asphaltierte Stellflächen.
Keine Stellplatzgebühr. Einkehr erforderlich.
Tel. 0031-485/511058.
Internet: www.old-inn.nl.

Millingen (Limburg) Gelderse Poort *** NL - 8

Wohnmobilplatz am Rhein in sehr ruhiger und schöner Lage.

Von Kleve Richtung Keeken fahren und 2,3 km nach der Abzweigung Keeken - 500 m nach dem Ortsanfang Millingen - rechts abbiegen Demenstraat. Nach 200 m links und gleich wieder rechts abbiegen. Nach 300 m rechts dem Parkplatz-Schild folgen (**Ons Genoegenpad**). Noch 100 m bis zum Platz links.
Koordinaten: 51° 51,86' Nord, 6° 3,31' Ost.

Gaststätte am Platz.
Häuser in der Nähe.
Naturinformationszentrum am Platz.
Ganzjährig zugänglich.
Aufenthaltsdauer 24 Stunden.
10 min Fußweg zur Ortsmitte.
Wanderungen und Radtouren am Rhein.
Fahrt nach Nijmegen.
Fahrt nach Arnheim.
Ausflug nach Deutschland.
Stellflächen für 4 Wohnmobile.
Ebene Stellflächen auf Rasengittersteinen.
Keine Stellplatzgebühr.
Internet: www.de-gelderse-poort.com.

D-Kleve-Rindern Begegnungsstätte *** NR - 10

Übernachtungsplatz an der Begegnungsstätte in sehr ruhiger und schöner Lage.

In Kleve Richtung Rindern fahren und 1,5 km nach dem Ortsende Kleve - 800 m nach dem Ortsanfang Rindern - rechts in die Breite Straße fahren. Nach weiteren 400 m links in den **Drususdeich** und nach 100 m rechts zum Parkplatz abbiegen.
Koordinaten: 51° 48,7' Nord, 6 ° 7,8' Ost.

Gaststätte und Häuser am Parkplatz.
Geschäfte in der Nähe.
Blick in die Landschaft.
Ver- und Entsorgung in Kleve.
Grillhütte am Platz.
Ganzjährig zugänglich.
Wanderungen und Radtouren am Niederrhein.
Besichtigung von Kleve: Schwanenburg, Altstadt.
Fahrt nach Holland.
Keine Parkgebühr.
Stellmöglichkeiten für 10 Wohnmobile.
Befestigte, ebene Stellflächen und Wiesengelände.
Informationen: Tourist-Information Tel. (0 28 21) 89 50 90.

Wasser überall - Flüsse und Kanäle

Niederländisch Brabant und die Provinz Utrecht

Tour 8

Der Südwesten der Niederlande beeindruckt durch seinen fließenden Wasserreichtum. Überall stoßen wir auf ruhig dahin strömende Flüsse, auf ruhige Kanäle für den Schiffsverkehr und breite Gräben zur Entwässerung. Waal und Lek, die beiden großen Arme des Niederrheins, und die Maas beeindrucken uns durch die Breite des Wasserstroms. Wassersportler finden in vielen Orten Möglichkeiten zum Segeln, Surfen, Rudern oder Motorbootfahren. In den meisten sogenannten Passantenhäfen können Boote gemietet werden. Einige Jachthäfen in den Niederlanden haben neben den Booten "Liegeplätze für Wohnmobile" eingerichtet.

Wir übernachten am Niederrhein an der Fähre bei Oosterbeek (**NB-1**). Die Plätze liegen unmittelbar am Ufer und gewähren einen prächtigen Blick auf den gemächtlich dahinfließenden Strom. Wenige Kilometer westlich erinnert das Airborne Museum an die Schlacht von Arnhem im September 1944. In Arnhem haben wir das Denkmal zur Schlacht um die Rheinbrücke gesehen, das Nederlands Openlucht Museum mit Bauernhöfen, Werkstätten und Herrenhäusern besucht und die Eusebiuskerk mit dem größten Glockenspiel Europas besichtigt.

Auf dem Weg nach Westen entdecken wir am Passantenhaven in Rhenen einen weiteren Übernachtungsplatz (**NB-2**). In Geldermalsen kann man wieder an einem Fluss in der Nähe des Zentrums übernachten (**NB-3**). Leider stören die Geräusche des Verkehrs auf den angrenzenden Straßen die Nachtruhe. In Geertuidenberg liegt der Übernachtungsplatz Passantenhaven an einer Nebenstraße, er soll aber in den Jachthafen verlegt werden (**NB-4**).

Der schönste Stellplatz auf dieser Tour liegt unmittelbar am Waal (Rheinarm) bei Gorinchem (**NB-5**). Wir schlendern am Ufer entlang, beobachten die ständig vorbei tuckernden Lastkähne, genießen die über dem Strom untergehende Sonne und essen vorzüglich in einem Restaurant in der

Stellplatz in Geldermalsen

Altstadt. Wir würden gern noch einen Tag bleiben, aber leider ist der Aufenthalt für Wohnmobile nur 24 Stunden gestattet. Von hier aus kann man auch zu einer Fahrt nach Dordrecht und Rotterdam starten.

Wir lenken unser Fahrzeug wieder nach Norden. Wir wollen Utrecht, bekannt durch die berühmte Universität, besuchen. In Vianen stellen wir unser Schlafmobil ab und haben dabei die Auswahl zwischen zwei Plätzen (**NB-6** und **NB-7**), die auch hier in der Nähe des Passantenhaven liegen. Eine Tour mit dem Motorboot führt uns nach Utrecht. Die im Mittelalter angelegten Grachten in der Stadt haben eine große Anziehungskraft. An der Oude Gracht sitzen wir zur Teestunde auf einer Terrasse unmittelbar am Wasser und steigen anschließend in ein Grachtenboot, von dem aus wir schöne Einblicke aus der Froschperspektive haben.

Der Utrechter Dom ist mit 112 Metern der höchste Sakralbau in den Niederlanden. Das Mittelschiff wurde 1674 von einem Sturm zerstört, Turm und Chor sind heute getrennt. Der Dom bildete im Mittelalter mit der Pieterskerk und drei weiteren Kirchen eine kreuzförmige Anlage. In der Krypta sehen wir den Sarkophag des holländischen Papstes Hadrian VI. aus dem 16. Jahrhundert. Auf dem Pieterskerkhof bewundern wir die renovierten Häuser in verschiedenen historischen Baustilen. Die Museen in Utrecht sollte man besuchen. Im Centraal Museum im ehemaligen Katharinenkloster hängen die Gemälde der Utrechter Meister aus dem "Goldenen Zeitalter" der Malerei, im Nationaal Museum van Speelklok sind automatische Musikinstrumente aus den letzten fünf Jahrhunderten ausgestellt und im Catharijneconvent wird die Geschichte des Christentrums in den Niederlanden erzählt.

Wir fahren zu unserem Platz in Vianen zurück und freuen uns auf die Fahrt durch die Provinzen Süd- und Nordholland.

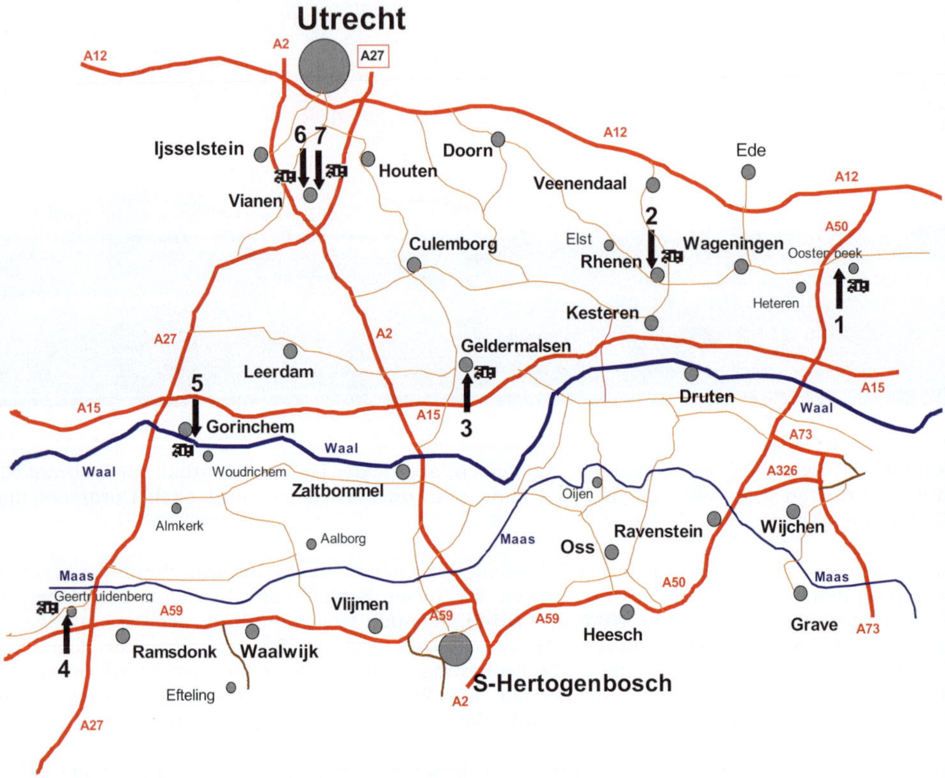

Tour 8

Niederländisch Brabant
Provinz Utrecht

Tour 8: **Durch das niederländische Brabant**

Nr.	Ort, Bezeichnung	Stell-plätze A	Gast-haus	Häu-ser	WC	Bad See	Orts-nähe B	Ent-sorg.	Park-dauer C	Park-gebühr D
NB-1	Oosterbeek, Drielse Veer ***	4	-	-	-	-	x	-	3	0
NB-2	Rhenen, Passantenhaven **	3	-	+	-	-	x	-	2	5
NB-3	Geldermalsen, Centrum **	5	-	+	-	-	5	-	1	0
NB-4	Gertruidenberg, Gemeindewerft *	5	-	-	-	-	10	-	1	0
NB-5	Gorinchem, Waalufer ***	5	+	+	-	-	8	-	1	2
NB-6	Vianen, Kanaal **	10	-	+	-	-	15	-	2	0
NB-7	Vianen, Stadhof **	5	-	+	-	-	x	-	1	0

Legende

****	sehr ruhige und sehr schöne Lage.
***	sehr ruhige und schöne Lage.
**	ruhige und gute Lage.
*	keine ruhige Lage.
A	Stellplätze gestaffelt nach 3, 5, 10, 20, 30, 50 Wohnmobilen. Dabei wird angenommen, dass nur die Hälfte des Platzes zur Verfügung steht und die andere Hälfte durch PKW belegt ist.
B	Fußweg in Minuten, x über 15 min Fußweg.
C	Aufenthaltsdauer in Tagen.
D	Stellplatzgebühr in Euro pro Wohnmobil und 24 Stunden oder Parkgebühr.
P	Parkgebühr in der Saison.
T	Aufenthaltsdauer einige Tage.
U	Aufenthaltsdauer unbegrenzt.

(gelb) Parkplatz (grün) Wohnmobil-Stellplatz

Oosterbeek (Nord-Brabant) Drielse Veer *** NB - 1

Wohnmobilplatz am Fähranleger in sehr ruhiger und schöner Lage.

Von der Ausfahrt Oosterbeek (25) der A12 Richtung Oosterbeek fahren (N224) und nach 3,4 km rechts Richtung Oosterbeek abbiegen. Nach 2,2 km an der Ampel geradeaus fahren (Pietersbergweg). Nach 900 m links fahren (Van Bosselenweg), nach weiteren 300 m rechts in den Benedendorpsweg und nach 500 m links in den **Veerweg** einbiegen. Noch 500 m bis zur Zufahrt links. Noch 100 m bis zum Platz.
Koordinaten: 51° 58,43' Nord, 5° 49,39' Ost.

Blick auf den Nederrijn (Rhein).
Müllbehälter und Bänke am Platz.
Fähranleger in der Nähe.
Für sehr große Wohnmobile nicht geeignet.
Ganzjährig zugänglich.
Aufenthaltsdauer 72 Stunden.
Wanderungen und Radtouren am Rhein und am Waal.
Besichtigung von Arnhem: Eusebiuskerk,
Nederlands Openlucht Museum, Denkmal Rheinbrücke.
Ausflug zum Naational Park Veluwezoom.
Ebene, asphaltierte Stellflächen für 4 Mobile.
Keine Stellplatzgebühr.

Rhenen (Utrecht) Passantenhaven ** NB - 2

Übernachtungsplatz am Jachthafen in ruhiger und schöner Lage.

Von der Ausfahrt Ochten (35) der A15 Richtung Rhenen fahren (N233) und nach der Rheinbrücke an der Ampel links Richtung Utrecht fahren (N225). Nach 1 km links in den **Veerweg** einbiegen. Noch 200 m.
Koordinaten: 51° 57,34' Nord, 5° 33,66' Ost.

Häuser in der Nähe.
Frischwasserversorgung und Stromanschluss möglich.
Müllbehälter am Platz.
Tor vor dem Platz. Von 22-8.00 Uhr geschlossen.
Für sehr große Wohnmobile nicht geeignet.
01.04.-01.10. zugänglich.
Aufenthaltsdauer 48 Stunden.
Wanderungen und Radtouren am Rhein.
Motorboottouren auf dem Rhein.
Besichtigung von Arnhem: Eusebiuskerk,
Nederlands Openlucht Museum, Denkmal Rheinbrücke.
Besichtigung von Utrecht: Domturm, Pieterskerk,
Stadskasteel Oudaen, Centraal Museum, Katharinenkloster.
Ausflug zum Naational Park Veluwezoom.
Stellflächen für 3 Wohnmobile.
Stellplatzgebühr: 5 €.

Geldermalsen (Nord-Brabant) Centrum ** NB - 3

Übernachtungsplatz mit Baumreihen in der Ortsmitte in guter und schöner Lage.

Von der Ausfahrt Geldermalsen (30) der A15 Richtung Geldermalsen fahren (N327) und nach 1,5 km im Kreisel links fahren. Nach weiteren 1,1 km im Kreisel am Ortsanfang rechts Richtung Centrum fahren (Rijkstraatweg). Nach weiteren 1,1 km rechts Richtung Centrum/Durchgangsverkehr abbiegen (**Kostverlorenkade**). Noch 100 m bis zum Platz links.
Koordinaten: 51° 53,09' Nord, 5° 17,43' Ost.

Blick auf Brücke und Fluss Linge.
Häuser in der Nähe.
Müllbehälter am Platz.
Anleger für Rundfahrten am Platz.
Lärmbelästigung möglich.
Ganzjährig zugänglich.
5 min Fußweg zur Ortsmitte.
Wanderungen und Radtouren am Rhein und am Waal.
Besichtigung von Utrecht: Domturm, Pieterskerk, Stadskasteel Oudaen, Centraal Museum, Katharinenkloster.
Ebene, gepflasterte Stellflächen für 5 Mobile. Fläche für 1 Mobil ausgewiesen.
Keine Stellplatzgebühr.

Geertruidenberg (Nord-Brabant) Gemeindewerft * NB - 4

Übernachtungsplatz am Ortsrand.

Von der Ausfahrt Ramsdonksveer (34) der A59 Richtung Ramsdonveer/Geertuidenberg fahren und nach 400 m im Kreisel geradeaus Richtung Centrum fahren (Wilhelminalaan). Nach 1,4 km im Kreisel links Richtung Geertruidenberg abbiegen. Nach 500 m rechts und nach 100 m wieder rechts abbiegen (Gasthuisstraat). Nach weiteren 200 m halblinks fahren (**Statenlaan**). Noch 200 m bis zum Platz rechts.
Koordinaten: 51° 42,19' Nord, 4° 51,82' Ost.

Müllbehälter am Platz.
Lärmbelästigung durch Nebenstraße möglich.
Ganzjährig zugänglich.
Motorboottouren.
10 min Fußweg zur Ortsmitte.
Wanderungen und Radtouren am Rhein und am Waal.
Besichtigung von Utrecht: Domturm, Pieterskerk, Stadskasteel Oudaen, Centraal Museum, Katharinenkloster.
Fahrt nach Dordrecht und Rotterdam.
Ausflug nach Kinderdijk.
Ebene, gepflasterte Stellflächen für 5 Mobile. Flächen für 2 Mobile ausgewiesen.
Keine Stellplatzgebühr.

Gorinchem (Nord-Brabant) Waalufer *** NB - 5

Übernachtungsplatz am Waal in sehr ruhiger und schöner Lage.

Von der Ausfahrt Gorinchem-Zuid (28) der A15 Richtung Gorinchem und nach 300 m rechts Richtung Gorinchem fahren. Nach weiteren 1,8 km links in den Spijksedijk einbiegen und am Kanal entlang fahren. Nach 1 km rechts über die Brücke fahren (Eind) und nach 50 m links abbiegen. Nach weiteren 100 m rechts in die Straße **Buiten de Waterpoort** einbiegen. Noch 300 m bis zum Platz rechts.
Koordinaten: 51° 49,59 Nord, 4° 58,28' Ost.

Blick auf den Fluss Waal und die Frachtschiffe.
Gaststätte und Häuser in der Nähe. Beachbar am Platz.
Sandstrand am Platz.
Kinderspielplatz und Fußballfeld in der Nähe.
Müllbehälter am Platz.
Aufenthaltsdauer 24 Stunden.
Ganzjährig zugänglich.
8 min Fußweg zur Ortsmitte.
Wanderungen und Radtouren an Rhein, Waal und Maas.
Besichtigung von Utrecht: Domturm, Pieterskerk,
Stadskasteel Oudaen, Centraal Museum, Katharinenkloster.
Fahrt nach Dordrecht und Rotterdam.
Ausflug nach Kinderdijk.
Ebene, gepflasterte Stellflächen für 5 Mobile.
Flächen für 2 Mobile ausgewiesen.
Stellplatzgebühr Mo-Sa von 8-18.00 Uhr: 2 € pro Tag.

Vianen (Utrecht) Kanaal ** NB - 6

Übernachtungsplatz am Kanal in ruhiger und schöner Lage.

Von der Ausfahrt Vianen (11) der A2 Richtung Vianen fahren und nach 700 m im Kreisel links abbiegen. Nach weiteren 700 m wird der Platz (P1) links erreicht (**Kanaalweg**).
Koordinaten: 51° 59,70' Nord, 5° 5,79' Ost.

Häuser am Platz.
Müllbehälter am Platz.
Aufenthaltsdauer 48 Stunden.
Ganzjährig zugänglich.
15 min Fußweg zur Ortsmitte.
Wanderungen und Radtouren am Kanal und am Lek.
Besichtigung von Utrecht: Domturm, Pieterskerk,
Stadskasteel Oudaen, Centraal Museum, Katharinenkloster.
Fahrt nach Rotterdam.
Fahrt nach Amsterdam.
Ausflug nach Kinderdijk.
Ebene, gepflasterte Stellflächen für 10 Mobile.
Flächen für 4 Mobile ausgewiesen.
Keine Stellplatzgebühr.

Vianen (Utrecht) Stadhof ** NB - 7

Übernachtungsplatz mit einzelnen Bäumen am Deich in ruhiger und schöner Lage.

Von der Ausfahrt Vianen (11) der A2 Richtung Vianen fahren und nach 700 m im Kreisel links abbiegen. Nach weiteren 1 km scharf rechts abbiegen und über die Brücke fahren (10 t). Nach 300 m links, nach 50 m links und nach weiteren 50 m wieder links dem Wegweiser P Stadhof folgen. Noch 200 m bis zum Platz links (**Hazelaarplein**). Koordinaten: 51° 59,78' Nord, 5° 5,79' Ost.

Häuser am Platz.
Müllbehälter am Platz.
Zufahrt nur für Fahrzeuge bis 7 m Länge.
Für große Mobile nicht geeignet.
Aufenthaltsdauer 24 Stunden.
Ganzjährig zugänglich.
Wanderungen und Radtouren am Kanal und am Lek.
Besichtigung von Utrecht: Domturm, Pieterskerk,
Stadskasteel Oudaen, Centraal Museum, Katharinenkloster.
Fahrt nach Rotterdam.
Fahrt nach Amsterdam.
Ausflug nach Kinderdijk.
Ebene, gepflasterte Stellflächen für 5 Mobile.
Kein Wohnmobil-Hinweisschild.
Keine Stellplatzgebühr.

Der Lek bei Vianen

Wo der Käse wächst und sich die Windmühlen drehen
Süd- und Nordholland

Tour 9

Wir fahren ins Käseland, in die Provinzen Südholland und Nordholland und besuchen zunächst Dordrecht, eine der ältesten Städte der Niederlande. Die Stadt liegt am Zusammenfluss der Flüsse Noord Maas, Oude Maas und Merwede. Schon im Mittelalter wurden viele Waren auf den Flüssen transportiert und verhalfen der Stadt zu hohen Zolleinnahmen. Von dem damaligen Reichtum zeugen zahlreiche Speicherhallen und Patrizierhäuser an den Ufern der Kanäle und Flüsse. Heute wächst Dordrecht schon fast mit Schiedam und Rotterdam zusammen.

Der Übernachtungsplatz für Wohnmobiltouristen liegt zwar ausgesprochen zentral, aber leider auch in der Nähe verkehrsreicher Straßen (**SN-1**). Die hinteren Plätze des riesigen Pkw-Parkplatzes sind durch Schranken versperrt und leider nicht erreichbar. Wir bleiben auf diesem Platz nur am Tage und besichtigen das Wahrzeichen der Stadt, Onze Lieve Vrouwekerk in der Nähe des Hafens. Der 70 Meter hohe Kirchturm mit vier barocken Turmuhren steht durch eine Bodensenkung schief. Im Inneren der Kirche gefallen uns besonders die Marmorkanzel und das mit Bibelfiguren geschmückte hölzerne Chorgestühl. Am Weinhafen bewundern wir den letzten Rest der Stadtmauern, das wuchtige Stadttor Groothoofdspoort. Im Dordrechts Museum werden die Werke bekannter Dordrechter Maler aus dem 17. Jahrhundert ausgestellt und das Simon-van-Gijn-Museum zeigt eine große Spielzeugsammlung.

Für die Übernachtung nutzen wir den ruhigen und schön gelegenen Platz für Wohnmobile an der Schnellfähre in Ablasserdam in der Nähe von Kinderdijk (**SN-2**). Eine große Attraktion sind die 19 Windmühlen von Kinderdijk, in Reihen aufgestellt wie eine Kompanie Soldaten. Sie wurden im 18. Jahrhundert zur Entwässerung gebaut und sind heute vollständig erhalten und denkmalgeschützt. Im Sommer drehen sich ihre Flügel im Wind, ein wunderschöner Anblick aus vergangenen Zeiten. Leider darf man auf den Parkplätzen nicht übernachten.

Wir lenken unser Fahrzeug wieder nach Norden. Gouda ist wohl die bekannteste "Käsestadt" in den Niederlanden. Im 17. Jahrhundert entwickelte sich die Stadt zu einem bedeutenden Handelszentrum für Käse. Jeden Donnerstag ist Käsemarkt, ein sehenswertes Spektakel um riesige Laiber der bekannten und begehrten Gouda-Sorten, von mehreren Personen auf Brettern getragen. Der Übernachtungsplatz für Touristen mit dem Wohnmobil liegt zwar sehr zentral, ist aber nur über eine Schranke ohne Umkehrmöglichkeit zu erreichen (**SN-3**).

An der Spitze von Nordholland liegt Den Oever, ein kleiner Ort an Waddenzee und Ijsselmeer, die durch einen beeindrukkenden Damm, den Afsluitdijk, getrennt wurden.

Die Mühlen von Kinderdijk

 Die Gemeinde hat am Hafen einen ruhig und schön gelegenen Übernachtungsplatz für Wohnmobiltouristen eingerichtet (**SN-4**).

Wir wollen die wohl attraktivste Stadt der Niederlande, Amsterdam, besuchen. Als Schlafplätze sind die beiden offiziellen Stellplätze in Naarden und Laren sehr gut geeignet (**SN-5** und **SN-6**). Beide Plätze liegen in einer ruhigen und schönen Umgebung.

Amsterdam lockt mit einer multikulturellen Atmosphäre, mit den historischen Grachten, mit Bauwerken aus dem Mittelalter und mit bedeutenden Museen. Eine Rundfahrt auf dem Grachtennetz gehört unbedingt zu einem Besuch dieser Stadt. Aus der Froschperspektive staunen wir über die vielen Klappbrücken über die Grachten. Die weiße Brücke Magere Brug von 1670, renoviert 1969, ist die berühmteste Klappbrücke in dieser Stadt. Alle 20 Minuten wird sie für die Schifffahrt geöffnet und bietet einen grandiosen Anblick.

Interessant ist auch der neue, auf dem Wasser entstandene Stadtteil Ijsselburg mit einem künstlich angelegten, 200 Meter langen Sandstrand. Auf schwimmenden Kähnen erleben wir am Ufer des Flusses Singel den Blumenmarkt, der immer montags abgehalten wird. Der Vondelpark, die grüne Lunge der Metropole, ist ein sehr beliebtes Ausflugziel der Einwohner. Hier treffen wir Angehörige aller Rassen, Volksgruppen und Religionen und hören am Nachmittag im Openluchttheater klassische Konzerte.

In der hektischen Innenstadt erleben wir den Begijnhof als Oase der Ruhe und Beschaulichkeit. Kleine Grachtenhäuser umgeben die Kirche, darunter das älteste Haus von Amsterdam, ein Bauwerk mit einem hölzernen Vorgiebel. Früher haben sich in diesem Viertel Beginen und Nonnen um Arme und Kranke gekümmert. Für den Aufstieg auf den 85 Meter hohen Turm der Westerkerk werden wir durch einen wunderbaren Ausblick auf die Grachten und das Häusermeer belohnt.

Im Rijksmuseum, größtes Museum der Niederlande, bewundern wir Meisterwerke von Rembrandt, Johannes Vermeer, Jan Steen, Frans Hals und anderen bedeutenden niederländischen Künstlern. Das kostbarste Ausstellungsstück ist die "Nachtwache" von Rembrandt. Neben der Gemäldesammlung sehen wir auch hervorragende Exponate des Delfter-Blau-Porzellans, eine Sammlung von Gegenständen aus Silber und eine Ausstellung alter Möbel.

Im Scheepvaartmuseum besichtigen wir die Schiffe der Seefahrernation aus den Zeiten der Ostindien-Fahrten und eine umfangreiche Sammlung von nautischen Instrumenten. Vor dem Museum ist die Amsterdam, eine Nachbildung des bekannten Schiffes aus den glanzvollen Zeiten der Holländer im 16. und 17. Jahrhundert zu sehen.

Die Mühlen von Kinderdijk

Wir besuchen auch das Stedelijk Museum mit Werken von Picasso, Cézanne, Chagall und Matisse und das Van-Gogh-Museum mit zahlreichen Zeichnungen und Gemälden des bekannten Malers.

Nach zwei erlebnisreichen und anstrengenden Tagen erholen wir uns auf unserem Startplatz in Laren. Nach dem ersten Besichtigungstag haben wir genau so ruhig und gut auf dem Stellplatz in Naarden geschlafen.

Tour 9
Süd- und Nordholland
Den Helder
Den Oever
A7
4
Anna
Schagen
Medemblick
A7
Enkhuizen
Bergen
Heer hugowaard
Hoorn
Alkmaar
Heiloo
A9
Beverwijk
Wormer
Edam
A7
Zaanstadt
Landsmeer
Haarlem
A9
Amsterdam
A6
A4
5
A6
A27
A9
A1
6
Amstelveen
Naarden
Noordwijk
A2
A44
Aalsmeer
Hilversum
Katwijk
Laren
A4
A28
Mijdrecht
A44
Ter Aar
A27
Soest
Leiden
A1
Den Haag
Alphen
Utrecht
Ahmer
Boskoop
A12
3
A28
Zeist
A4
A12
A2
A12
Berkel
Gouda
Doorn
A20
Schoonhoven
Vianen
Schiedam
A16
Ridderkerk
A27
Lekkerkerk
A15
A2
Alblasserdam
A15
Rotterdam
Leerdam
A15
Dordrecht
A16
1

Tour 9: **In Süd- und Nordholland**

Nr.	Ort, Bezeichnung	Stell-plätze A	Gast-haus	Häu-ser	WC	Bad See	Orts-nähe B	Ent-sorg.	Park-dauer C	Park-gebühr D
SN-1	Dordrecht, Weeskinserendijk *	2	-	+	-	-	15	-	3	0
SN-2	Ablasserdam, Anlegstelle ***	5	-	+	-	-	x	-	1	0
SN-3	Gouda, Klein America *	3	+	+	-	-	6	-	1	6
SN-4	Den Oever, Haven **	10	+	+	+	-	4	-	2	10
SN-5	Naarden, Vesting ***	20	-	+	-	-	12	-	2	0
SN-5	Laren, Sportanlage de Biezen ***	20	-	+	-	+	x	-	1	0

Legende

**** sehr ruhige und sehr schöne Lage.
*** sehr ruhige und schöne Lage.
** ruhige und gute Lage.
* keine ruhige Lage.
A Stellplätze gestaffelt nach 3, 5, 10, 20, 30, 50 Wohnmobilen. Dabei wird angenommen, dass nur die Hälfte des Platzes zur Verfügung steht und die andere Hälfte durch PKW belegt ist.
B Fußweg in Minuten, x über 15 min Fußweg.
C Aufenthaltsdauer in Tagen.
D Stellplatzgebühr in Euro pro Wohnmobil und 24 Stunden oder Parkgebühr.
P Parkgebühr in der Saison.
T Aufenthaltsdauer einige Tage.
U Aufenthaltsdauer unbegrenzt.

Parkplatz — Wohnmobil-Stellplatz

Dordrecht (Südholland) Weeskinderendijk * SN - 1

Übernachtungsplatz vor einem Großparkplatz in guter Lage.

Von der Ausfahrt Dordrecht (23) der A15 Richtung Dordrecht fahren (N3) und nach 5,5 km rechts abbiegen. Nach 300 m rechts und nach 100 m wieder rechts fahren. Nach weiteren 1,2 km links dem Wegweiser Station folgen. Nach 500 m links in die Straße Burgemeester De Raadtsingel abbiegen. Nach weiteren 1,3 km links abbiegen (Korte Parallelweg). Nach 200 m links abbiegen (**Weeskinderendijk**). Nach 100 m wird die Zufahrt links erreicht. Noch 100 m bis zu den Plätzen rechts vor der Schranke.
Koordinaten: 51° 48,56 Nord, 4° 39,10' Ost.

Blick auf den Fluss Waal und die Frachtschiffe.
Häuser in der Nähe.
Bushaltestelle am Platz (Pendelbus zur Stadtmitte).
Für große Mobile nicht geeignet.
Müllbehälter am Platz.
Aufenthaltsdauer 72 Stunden.
Ganzjährig zugänglich.
15 min Fußweg zur Ortsmitte.
Besichtigung von Dordrecht: Onze Lieve Vrouwekerk, Groothoofspoort, Dortrechts Museum.
Fahrt nach Utrecht.
Fahrt nach Rotterdam.
Ausflug nach Kinderdijk.
Ebene, asphaltierte Stellflächen für 2 Mobile.
Keine Stellplatzgebühr.
Ausweichmöglichkeit auf den Bus-Parkplätzen.
Pkw-Parkplatz kann wegen 2,3 m - Schranke nicht genutzt werden.

Alblasserdam (Südholland) Anlagestelle Wasserbus *** SN - 2

Übernachtungsplatz am Fähranleger in sehr ruhiger und schöner Lage.

Von der Ausfahrt Alblasserdam-Oost (22) der A15 Richtung Alblasserdam fahren und nach 600 m - 300 m nach dem Ortsanfang - links abbiegen (Kelvinring). Nach 400 m im Kreisel links fahren, nach weiteren 800 m rechts und nach 600 m links Richtung Kinderdijk abbiegen. Nach weiteren 700 m links dem Wohnmobil-Symbol folgen. Noch 100 m bis zum Platz.
Koordinaten: 51° 51,75' Nord, 4° 39,06' Ost.

Blick auf den Fluss, auf Schnellfähren und Frachtschiffe.
Häuser in der Nähe.
Für sehr große Mobile nicht geeignet.
Müllcontainer am Platz.
Aufenthaltsdauer 24 Stunden.
Ganzjährig zugänglich.
Fahrt mit der Schnellfähre (Wasserbus).
Besichtigung von Dordrecht: Onze Lieve Vrouwekerk, Groothoofspoort, Dortrechts Museum.
Fahrt nach Utrecht.
Fahrt nach Rotterdam.
Besichtigung der Mühlen von Kinderdijk.
Ebene, asphaltierte und befestigte Stellflächen für 5 Mobile.
Keine Stellplatzgebühr.
Auf den Parkplätzen Kinderdijk Wohnmobil-Verbote.

Gouda (Südholland) Klein Amerika * SN - 3

Übernachtungsplätze auf einem Großparkplatz im Ort.

Von der Ausfahrt Gouda (11) der A12 Richtung Gouda fahren und nach 1,1 km - 300 m nach dem Ortsanfang - links Richtung P+R Groene Hart abbiegen. Nach 1,9 km rechts (Oude Water) und nach 300 m links abbiegen (Blekersingel). Nach 500 m halbrechts zur Straße **Fluwelensingel** fahren. Noch 100 m bis zur Zufahrt links. Noch 100 m.
Koordinaten: 52° 0,73' Nord, 4° 42,92' Ost.

Gaststätten in der Nähe.
Häuser am Platz.
Schranke vor dem Platz.
Keine Wendemöglichkeit für große Mobile.
Müllbehälter am Platz.
Aufenthaltsdauer 24 Stunden.
Ganzjährig zugänglich.
6 min Fußweg zur Ortsmitte.
Besichtigung von Gouda: Historische Altstadt,
Gotisches Rathaus, St.-Johns-Kirche mit Glasmalereien.
Wanderungen und Radtouren an der Hollandse Ijssel.
Fahrt nach Utrecht.
Fahrt nach Rotterdam.
Besichtigung der Mühlen von Kinderdijk.
Ebene, asphaltierte Stellflächen für 3 Mobile.
Stellplatzgebühr: 6 € für 24 Stunden.
Informationen: Tel. 0031-182- 589168.
Internet: www.gouda.nl.

Den Oever (Nordholland) Haven ** SN - 4

Übernachtungsplätze am Hafen in der Nähe der Schleusen in ruhiger Lage.

Von der Ausfahrt Den Oever (14) der A7 Richtung Den Oever fahren und am Ortsanfang rechts zum Havenweg abbiegen. Vor dem Hafen links abbiegen (**Haventerrein**). Noch 200 m.
Koordinaten: 52° 56,05' Nord, 5° 2,39' Ost.

Blick auf die Waddenzee.
Gaststätten in der Nähe.
Häuser am Platz.
Frischwasserversorgung möglich.
WC und Duschen in der Nähe. Leihgebühr Schlüssel 12 €.
Müllbehälter am Platz.
Aufenthaltsdauer 48 Stunden.
Ganzjährig zugänglich.
Motorboottouren und Wassersport.
4 min Fußweg zur Ortsmitte.
Wanderungen und Radtouren
am Waddenzee und am Ijsselmeer.
Fahrt über den 29 km langen Afsluitdijk
(Abschlussdeich des Ijsselmeeres).
Fahrt nach Amsterdam.
Ebene Stellflächen für 10 Mobile.
Stellplatzgebühr: 10 € für 24 Stunden.

Naarden (Nordholland) Vesting *** SN - 5

Übernachtungsplätze auf einem Großparkplatz mit einzelnen Bäumen in sehr ruhiger und schöner Lage.

Von der Ausfahrt Naarden/Bussum (7) der A1 Richtung Naarden fahren (Ammersfoortstraat) und nach 1 km im Kreisel halbrechts Richtung Naarden-Vesting fahren. Noch 600 m bis zum Platz links (**Huizerstraatweg**).
Koordinaten: 52° 17,50' Nord, 5° 10,04' Ost.

Blick auf den Wassergraben der ehemaligen Festung.
Häuser am Platz.
Müllbehälter am Platz.
Aufenthaltsdauer 48 Stunden.
Ganzjährig zugänglich.
12 min Fußweg zur Ortsmitte.
Wanderungen und Radtouren am Gooimeer und im Flevoland.
Besichtigung von Amsterdam: Blijburg, Begijnhof, Magere Brug, Westerkerk, Bloemenmarkt, Vondelpark, Anne-Frank-Huis, Rijksmuseum, Scheepvaartmuseum, Stedelijk Museum, Van-Gogh-Museum, Ajax-Arena.
Fahrt nach Utrecht.
Ebene Stellflächen auf Rasengittersteinen für 20 Mobile. Für 3 Mobile ausgewiesen.
Keine Stellplatzgebühr.

Laren (Nordholland) Sportcomplex de Biezem *** SN - 6

Übernachtungsplätze mit Baumreihen und Randbäumen in sehr ruhiger und schöner Lage.

Von der Ausfahrt Laren (34) der A27 Richtung Laren fahren und nach 300 m im Kreisel am Ortsanfang (Eemnesserweg) Richtung Centrum fahren und nach 400 m dem P-Schild folgen (**Schapendrift 64**). Noch 300 m bis zu den Mobil-Plätzen am Ende des Parkplatzes..
Koordinaten: 52° 15,37' Nord, 5° 14,31' Ost.

Häuser in der Nähe.
Müllbehälter am Platz.
Sportanlage am Platz.
Schwimmbad in der Nähe.
Aufenthaltsdauer 24 Stunden.
Ganzjährig zugänglich.
Wanderungen und Radtouren an der Hollandse Ijssel.
Besichtigung von Amsterdam: Blijburg, Begijnhof, Magere Brug, Westerkerk, Bloemenmarkt, Vondelpark, Anne-Frank-Huis, Rijksmuseum, Scheepvaartmuseum, Stedelijk Museum, Van-Gogh-Museum, Ajax-Arena.
Fahrt nach Utrecht.
Ebene, gepflasterte Stellflächen für 20 Mobile. Für 5 Mobile ausgewiesen.
Keine Stellplatzgebühr.

Meer, Felder und Wälder
Flevoland und Gelderland
Tour 10

Wir fahren ins Flevoland, ein tiefes, flaches, dem Meer abgerungenes Land. In Almere Haven übernachten wir wieder unmittelbar am Hafen und am Meer (**FG-1**). Der Platz in Kampen liegt zentral und trotzdem recht ruhig (**FG-2**). Schnell sind wir in der Altstadt der alten Hansestadt. Wir besichtigen die zum größten Teil erhalten gebliebenen Wehranlagen. Besonders beeindrucken uns die drei wuchtigen Stadttore. Die zahlreichen prunkvollen Herrenhäuser zeugen noch heute vom einstigen Reichtum der Bürger. Im Tabakmuseum erleben wir nicht nur die Geschichte des "blauen Dunstes", sondern sehen auch eine echte fünf Meter lange Zigarre.

Stellplatz in Wijhe

In Zwolle parken wir auf dem Turfmarkt, ein zentral gelegener Großparkplatz mit ausgewiesenen Wohnmobil-Stellplätzen (**FG-3**). Schnell erreichen wir die Innenstadt. Von dem 80 Meter hohen Turm der Onze Lieve Vrouwekerk haben wir einen großartigen Überblick über die Stadt und ihre Bauten, über den sternartig angelegten Stadtgraben und über die alten Wehranlagen mit den eingemauerten Wiekhäusern. Besonders eindrucksvoll ist das fünftürmige Sachsentor. Die Stadt entstand im 8. Jahrhundert und schloss sich im Mittelalter der Hanse an. Im Hafen am Fluss Zwarte Water bestaunen wir zahlreiche Speicher, Kontore und Handelshäuser aus dieser Zeit.

Stadttor in Kampen

Schade, dass hier im Hafengebiet kein Platz für Wohnmobile ist. Der Platz in der Stadtmitte ist uns zu laut. Wir fahren deshalb nach Wijhe an der Ijssel. Der Übernachtungsplatz liegt unmittelbar am Ufer des breiten Flusses (**FG-4**). Stundenlang beobachten wir die vorbei fahrenden Lastkähne, die Motorboote und die Fährschiffe.

In Appeldoorn ließ Wilhelm III. von Oranien 1692 ein Lustschloss bauen, das noch heute eine Attraktion in den Niederlanden ist. Das Schloss Palei het Loo liegt inmitten einer weitläufigen, sehenswerten Parkanlage. Bis 1975 waren die Gebäude und Gemächer die Sommerresidenz der königlichen niederländischen Familie, heute beherbergt das Gebäude eine umfangreiche Sammlung zur Geschichte der Oranier, Hofwagen, Prunkkutschen, Schlitten, Gegenstände aus dem königlichen Haushalt, Silber, Gemälde, Möbel und Gewänder.

Flevoland und Gelderland Wir fahren in den größten niederländischen Nationalpark De Hoge Veluwe, eine ausgedehnte Heide- und Waldlandschaft. Mit dem Drahtesel erkunden wir dieses einsame, unbewohnte Gebiet auf dem 45 Kilometer langen Radwegenetz. Neben den Fietjers, wie die Radfahrer in Holland genannt werden, sind auch viele Rucksacktouristen, Wanderer und Reiter unterwegs. In einem ehemaligen Jagdschloss ist das Kröller-Müller-Museum untergebracht, eine Sammlung von Gemälden und Skulpturen aus dem 19. und 20. Jahrhundert. Werke von van Gogh, Picasso, Braque und Mondian, auch Plastiken von Henry Moore und Paul Rodin sind hier zu bewundern.

In Appeldoorn und im Nationalpark De Hoge Veluwe gibt es keine Möglichkeit zur Übernachtung. Wir fahren deshalb nach Bathmen und suchen unseren Schlafplatz an der Sporthalle in einer sehr ruhigen und reizvollen Umgebung (**FG-5**). Ein weiterer Stellplatz wurde in Nijverdal eingerichtet (**FG-6**).

Wir besuchen die kleine Festungsstadt Zutphen an der Ijssel. Aus dem Mittelalter ist ein stattlicher Teil der Befestigungsanlage und ein Teil der Stadttore erhalten geblieben. Der Berkelpoort, ein Wassertor von 1312, ist eine beeindruckendes Bauwerk aus dem Mittelalter. In der Altstadt sind noch etliche Patrizierhäuser, historische Gebäude, die St.-Walburgskerk mit Wandmalereien, einem Taufbecken aus Kupfer, den Grabdenkmälern der Grafen und einer mittelalterlichen Bibliothek, das Haus De Wildeman und eine Geheimkapelle zu besichtigen. Empfehlenswert sind auch Besuche des Stedelijk Museums mit Exponaten zur Geschichte der Grafschaft und des Museums Henriette Polak mit moderner niederländischer Kunst.

Im Süden der Grafschaft haben die Orte Lichtenvoorde, Aalten und Dinxperlo eine hohe Stellplatzdichte geschaffen, eine bisher einmalige Maßnahme in den Niederlanden. In Lichtenvoorde befindet sich der Platz am Schwimmbad (**FG-7**). Sehr ruhig und schön liegt der Platz in Bredevoort bei Aalten am Sportplatz (**FG-8**). Wir bummeln durch den kleinen mittelalterlichen Kern des Ortes und genießen die guten Speisen in einem Restaurant. In Aalten selbst gibt es zwei Stellplätze und eine Ver- und Entsogungsmöglichkeit (**FG-9** und **FG-10**). In dem kleinen Ort De Heurne bei Dinxperlo sind ebenfalls zwei Plätze für Wohnmobile ausgewiesen (**FG-11** und **FG-12**). Auf dem Platz am Veenweg sind in der Einsamkeit der Weidelandschaft nur die Laute und Geräusche der Natur zu hören. In Dinxperlo, Einkaufsstadt an der deutschen Grenze sind die beiden Plätze Welinkbos und am Sportplatz 't Welink für einen Aufenthalt zu empfehlen (**FG-13** und **FG-14**).

Stellplatz im Grünen bei De Heurne

Hier an der deutschen Grenze kann man sich tagelang aufhalten und ständig die guten Stellplätze wechseln, ein schönes Gebiet für Wanderungen, für Radfahren und zum Bummeln in den kleinen, gemütlichen Städten.

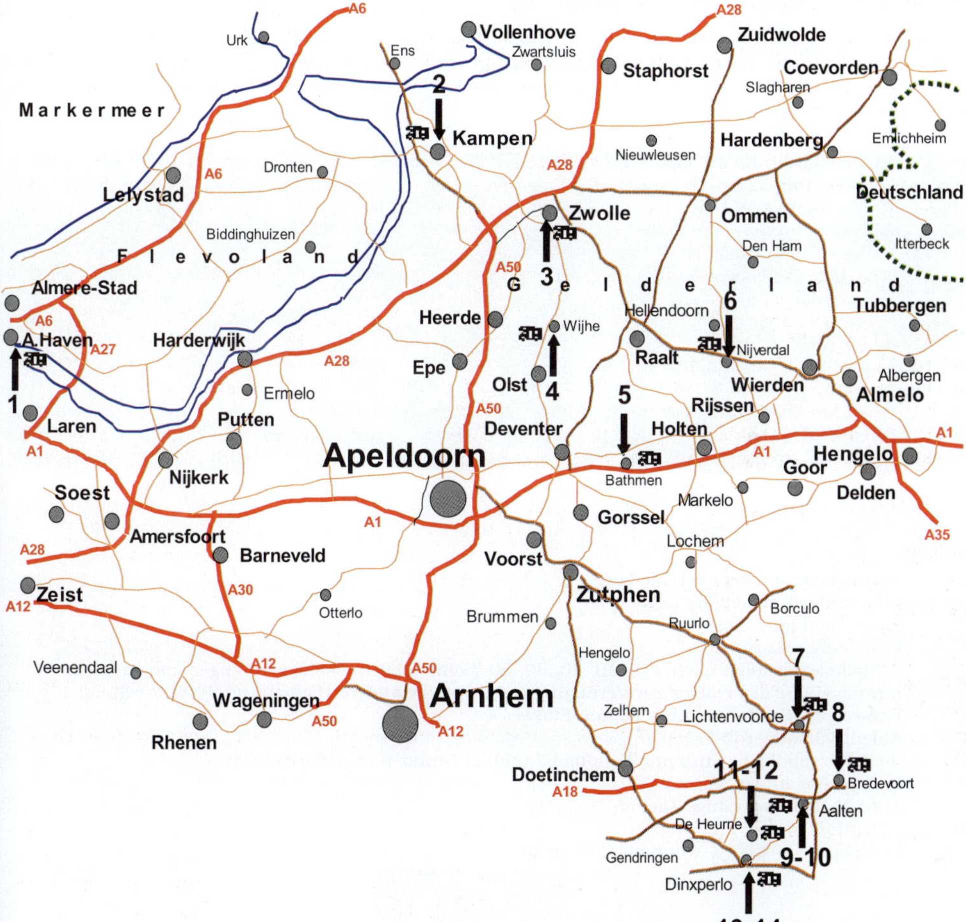

Tour 10

Flevoland und Gelderland

Tour 10: **Im Flevoland und im Gelderland**

Nr.	Ort, Bezeichnung	Stell-plätze A	Gast-haus	Häu-ser	WC	Bad See	Orts-nähe B	Ent-sorg.	Park-dauer C	Park-gebühr D
FG-1	Almere Haven, Sportboothaven ***	10	+	+	+	-	10	-	3	0
FG-2	Kampen, Berghuisplein **	5	-	+	-	-	8	-	2	0
FG-3	Zwolle, Turfmarkt *	3	+	+	-	-	10	-	1	5
FG-4	Wijhe, Jachthaven ***	5	-	+	-	+	8	-	1	5
FG-5	Bathmen, Sporthalle ***	10	-	+	-	-	10	-	1	0
FG-6	Nijverdal, De Wilgenwaerd **	10	-	+	-	-	15	-	2	6
FG-7	Lichtenvoorde, Swembad **	10	-	+	-	+	15	-	U	0
FG-8	Bredevoort, Sportpark 't Broock ***	5	-	+	-	-	6	-	1	0
FG-9	Aalten, de Pol *	10	-	+	-	-	8	+	1	0
FG-10	Aalten, Sportpark Zuid **	10	-	+	-	-	x	-	1	0
FG-11	De Heurne, Veenweg ***	3	-	-	-	-	x	-	1	0
FG-12	De Heurne, Ortsparkplatz **	3	-	+	-	-	5	-	1	0
FG-13	Dinxperlo, Welinkbos ***	5	-	+	-	-	x	+	1	0
FG-14	Dinxperlo, Sportplatz 't Welink ***	4	+	+	-	-	15	+	1	0

Legende

****	sehr ruhige und sehr schöne Lage.
***	sehr ruhige und schöne Lage.
**	ruhige und gute Lage.
*	keine ruhige Lage.
A	Stellplätze gestaffelt nach 3, 5, 10, 20, 30, 50 Wohnmobilen. Dabei wird angenommen, dass nur die Hälfte des Platzes zur Verfügung steht und die andere Hälfte durch PKW belegt ist.
B	Fußweg in Minuten, x über 15 min Fußweg.
C	Aufenthaltsdauer in Tagen.
D	Stellplatzgebühr in Euro pro Wohnmobil und 24 Stunden oder Parkgebühr.
P	Parkgebühr in der Saison.
T	Aufenthaltsdauer einige Tage.
U	Aufenthaltsdauer unbegrenzt.

Parkplatz — Wohnmobil-Stellplatz

Almere Haven (Flevoland) Sportboothaven *** FG - 1

Übernachtungsplätze am Sportboothafen in sehr ruhiger und schöner Lage.

Von der Ausfahrt Almere Haven (4) der A6 Richtung Almere Haven fahren und in den folgenden drei Kreiseln geradeaus fahren (S102). Nach 2,8 km im vierten Kreisel halbrechts fahren (Oosterdreef). Nach 600 m werden links die Plätze erreicht (**Sluis**). Zum Ausweichparkplatz 100 m vorher vor der Brücke links abbiegen. Noch 100 m (**Veerkade**). Koordinaten: 52° 20,02' Nord, 5° 13,28' Ost.

Blick auf den Hafen und das Gooimeer.
Gaststätte und Häuser am Platz.
WC, Frischwasser und Dusche beim Hafenmeister
Schiffsrundfahrten. Anlegestelle am Stellplatz.
Für große Mobile nur Ausweichplatz geeignet.
Aufenthaltsdauer 72 Stunden.
Ganzjährig zugänglich.
10 min Fußweg zur Ortsmitte.
Wassersport und Motorboottouren.
Wanderungen und Radtouren am Gooimeer und im Flevoland.
Besichtigung von Amsterdam: Grachten, Magere Brug, Westerkerk, Begijnhof, Blijburg, Bloemenmarkt, Vondelpark, Anne-Frank-Huis, Rijksmuseum, Scheepvaartmuseum, Stedelijk Museum, Van-Gogh-Museum, Ajax-Museum.
Ebene, gepflasterte Stellflächen für 2 Mobile.
Keine Stellplatzgebühr.
Ausweichparkplatz Veerkade für 10 Mobile ruhiger und schöner. Hafenmeister informieren.

Kampen (Overijssel) Burgermeester Berghuisplein ** FG - 2

Wohnmobilplätze auf einem Großparkplatz am Rande der Innenstadt in guter Lage.

Bei Anfahrt von Zwolle von der N50 an der Ausfahrt Kampen-Zuid abfahren und nach 400 m rechts Richtung Kampen-Zuid fahren. Nach weiteren 900 m links abbiegen (Europa-allee). Nach weiteren 1,7 km - 1,2 km nach dem Ortsanfang - rechts abbiegen (Kennedylaan) und nach 300 m links dem Wegweiser Swembad De Steur folgen. Nach 100 m zum Großparkplatz links abbiegen (**Burgermeister Berghuisplein**), 200 m über den Platz fahren und dann rechts zu den Mobilplätzen abbiegen.
Koordinaten: 52° 33.16' Nord, 5° 54,92' Ost.

Häuser am Platz.
Stromanschlüsse vorhanden.
Abfallkörbe am Platz.
Schwimmbad in der Nähe.
8 min Fußweg zur Ortsmitte.
Aufenthaltsdauer 48 Stunden.
Ganzjährig zugänglich.
Besichtigung von Kampen: Mittelalterliche Wehranlagen, Stadttore, Herrenhäuser, Tabakmuseum.
Besichtigung von Zwolle: Onze Lieve Vrouwekerk, Stadtgraben, Stadtmauern, Sassenpoort, Speicher, Handelshäuser.
Besichtigung von Amsterdam: Grachten, Magere Brug, Westerkerk, Begijnhof, Blijburg, Bloemenmarkt, Vondelpark, Anne-Frank-Huis, Rijksmuseum, Scheepvaartmuseum, Stedelijk Museum, Van-Gogh-Museum, Ajax-Museum.
Ebene, gepflasterte Stellflächen für 5 Mobile.
Stellplatzgebühr.

Zwolle (Overijssel) Turfmarkt * FG - 3

Übernachtungsplätze auf einem Großparkplatz in der Ortsmitte.

Bei Anfahrt aus dem Süden von der N337 nach dem Ortsanfang rechts Richtung Amelo abbiegen. Nach 400 m links abbiegen (Marsweg). Nach weiteren 3 km rechts, nach 300 m links und nach weiteren 300 m rechts dem Wegweiser **Turfmarkt** folgen. Noch 100 m bis zur Zufahrt rechts.
Koordinaten: 52° 30,81' Nord, 6° 6,18' Ost.

Gaststätte in der Nähe.
Häuser am Platz.
Abfallkörbe am Platz.
Schranke vor dem Platz.
10 min Fußweg zur Ortsmitte.
Aufenthaltsdauer 24 Stunden.
Ganzjährig zugänglich.
Besichtigung von Zwolle: Onze Lieve Vrouwekerk, Stadtgraben, Stadtmauern, Sassenpoort, Speicher, Handelshäuser.
Besichtigung von Kampen: Mittelalterliche Wehranlagen, Stadttore, Herrenhäuser, Tabakmuseum.
Besichtigung von Amsterdam: Grachten, Magere Brug, Westerkerk, Begijnhof, Blijburg, Bloemenmarkt, Vondelpark, Anne-Frank-Huis, Rijksmuseum, Scheepvaartmuseum, Stedelijk Museum, Van-Gogh-Museum, Ajax-Museum.
Ebene, gepflasterte Stellflächen für 3 Mobile.
Kein Wohnmobil-Schild.
Stellplatzgebühr: 5 € für 24 Stunden. Parkautomat.

Wijhe (Overijssel) Jachthafen *** FG - 4

Wohnmobilplatz an der Ijssel in ruhiger und sehr schöner Lage.

Bei Anfahrt aus dem Norden oder Süden von der N337 (Zwolle-Deventer) an der Abfahrt Wijhe-Centrum Richtung Fluss Ijssel abbiegen. Nach 100 m wird links der Platz erreicht (**de Loswal Wijhe**).
Koordinaten: 52° 23,18' Nord, 6° 7,67' Ost.

Blick auf die Ijssel und vorbeifahrende Schiffe.
Häuser am Platz.
Badestelle am Platz.
Bänke und Tische und Abfallkörbe am Platz.
Jachthafen in der Nähe.
8 min Fußweg zur Ortsmitte.
Aufenthaltsdauer 24 Stunden.
Ganzjährig zugänglich.
Wanderungen und Radtouren an der Ijssel.
Besichtigung von Zwolle: Onze Lieve Vrouwekerk, Stadtgraben, Stadtmauern, Sassenpoort, Speicher, Handelshäuser.
Besichtigung von Kampen: Mittelalterliche Wehranlagen, Stadttore, Herrenhäuser, Tabakmuseum.
Besichtigung von Amsterdam: Grachten, Magere Brug, Westerkerk, Begijnhof, Blijburg, Bloemenmarkt, Vondelpark, Anne-Frank-Huis, Rijksmuseum, Scheepvaartmuseum, Stedelijk Museum, Van-Gogh-Museum, Ajax-Museum.
Ebene Stellflächen für 5 Mobile.
Stellplatzgebühr: 5 € für 24 Stunden.

Bathmen (Gelderland) Sporthalle De Uutvlog *** FG - 5

Übernachtungsplätze mit einzelnen Bäumen an der Sporthalle in sehr ruhiger und schöner Lage.

Von der Ausfahrt Bathmen (25) der A1 Richtung Bathmen fahren und nach 1,2 km rechts Richtung Bathmen abbiegen. Nach 1 km - 800 m nach dem Ortsanfang - rechts Richtung Loo abbiegen (Looweg). Nach 500 m rechts abbiegen (Sportlaan). Noch 100 m bis zum Platz rechts (**Prinses Margretlaan 14**). Koordinaten: 52° 15,03' Nord, 6° 17,99' Ost.

Häuser am Platz.
Aufenthaltsdauer 48 Stunden.
Ganzjährig zugänglich.
10 min Fußweg zur Ortsmitte.
Wanderungen und Radtouren im Gelderland.
Besichtigung von Appeldoorn: Schloss, Gärten, Parks, Schlossmuseum Oraniergeschichte.
Besuch des Nationalparks De Hoge Veluwe.
Fahrt nach Amelo.
Ebene, gepflasterte Stellflächen für 10 Mobile. Für 2 Mobile ausgewiesen.
Keine Stellplatzgebühr.

Nijverdal (Gelderland) De Wilgenweard ** FG - 6

Übernachtungsplätze mit Randbäumen am Freizeitpark in schöner Lage.

Von der Almelo/Wierden Richtung Zwolle/Nijverdal fahren und 1,5 km nach dem Ortsanfang rechts Richtung Hulsum/Den Ham abbiegen (**G. van der Muelenweg**). Nach 600 m links zum Platz abbiegen. Koordinaten: 52° 22,27' Nord, 6° 27,92' Ost.

Häuser am Platz.
Aufenthaltsdauer 48 Stunden.
Ganzjährig zugänglich. Offiziell 1.5.-31.10 geöffnet.
15 min Fußweg zur Ortsmitte.
Wanderungen und Radtouren im Gelderland.
Besichtigung von Appeldoorn: Schloss, Gärten, Parks, Schlossmuseum Oraniergeschichte.
Besuch des Nationalparks De Hoge Veluwe.
Fahrt nach Amelo.
Fahrt nach Zwolle und Kampen.
Ebene Stellflächen auf Rasengittersteinen für 10 Mobile. Für 4 Mobile ausgewiesen.
Stellplatzgebühr: 5 € für 24 Stunden und 0,45 € pro Person.

Lichtenvoorde (Gelderland) Swembad Meekenesch ** FG - 7

Übernachtungsplatz mit Baumreihen am Schwimmbad in ruhiger und schöner Lage.

Bei Anfahrt aus dem Süden von der N313 links und gleich wieder rechts Richtung Lichtenvoorde-Zuid abbiegen. Nach 1,7 km - 1,1 km nach dem Ortsanfang - im Kreisel links Richtung Groenlo abbiegen (Richterslaan). Nach 800 m rechts in die **Kerkhoflaan** fahren. Noch 100 m bis zum Platz links. Koordinaten: 51° 59,51' Nord, 6° 3,94' Ost.

Häuser am Platz.
Schwimmbad am Platz.
Ver- und Entsorgung in Aalten.
Ganzjährig zugänglich.
15 min Fußweg zur Ortsmitte.
Aufenthaltsdauer nicht begrenzt.
Wandern und Radfahren im Gelderland.
Besuch des Freilichtmuseums Erve Kots (6 km).
Fahrt nach Arnheim.
Fahrt nach Deutschland.
Ausflug zum Naational Park Veluwezoom.
Ebene, gepflasterte Stellflächen für 10 Mobile.
Keine Stellplatzgebühr.
Informationen: Gemeente Lichtenvoorde Tel. 0031-544-375775.
Internet: www.lichtenvoorde.nl.

Bredevoort (Gelderland) Sportpark 't Broock *** FG - 8

Übernachtungsplatz am Ortsrand in sehr ruhiger und schöner Lage.

Von der N318 nordwestlich von Aalten Richtung Bredenvoort abbiegen (Tolhuisweg). Nach 500 m rechts halten und nach weiteren 500 m - 200 m nach dem Ortsanfang - links zur Ortsmitte abbiegen (Landstraße). Nach 100 m links in die Prinsenstraße fahren. Noch 400 m bis zum Platz rechts am Sportpark (**Kruittorenstraße**). Koordinaten: 51° 56,74' Nord, 6° 37,30' Ost.

Häuser am Platz.
Sportpark am Platz.
Ver- und Entsorgung in Aalten auf dem Platz De Pol.
Ganzjährig zugänglich.
6 min Fußweg zur Ortsmitte.
Aufenthaltsdauer 24 Stunden.
Wandern und Radfahren im Gelderland.
Fahrt nach Arnheim.
Fahrt nach Deutschland.
Ausflug zum Naational Park Veluwezoom.
Ebene, gepflasterte Stellflächen für 5 Mobile.
Keine Stellplatzgebühr.
Informationen: Gemeente Aalten Tel. 0031-543-475455.
Internet: www.aalten.nl.

Aalten (Gelderland) De Pol * FG - 9

Übernachtungsplatz im Ort.

Von der Kreuzung N313/N318 im Nordosten von Aalten Richtung Doetinchem/Aalten fahren und nach 500 m links Richtung Aalten abbiegen (Bredevootsestraat). Nach 800 m links in die **Polstraße** fahren. Noch 300 m bis zum Platz links. Koordinaten: 51° 55,56' Nord, 6° 35,19' Ost.

Häuser am Platz.
Ver- und Entsorgung am Platz.
Verkehrsgeräusche durch Hauptstraße.
Ganzjährig zugänglich.
Skateboardanlage am Platz.
8 min Fußweg zur Ortsmitte.
Aufenthaltsdauer 24 Stunden.
Fahrt nach Arnhem.
Fahrt nach Deutschland.
Ausflug zum Naational Park Veluwezoom.
Ebene Stellflächen auf Rasengittersteinen für 10 Mobile.
Keine Stellplatzgebühr.
Informationen: Gemeente Aalten Tel. 0031-543-475455.
Internet: www.aalten.nl.

Aalten (Gelderland) Sportpark Zuid ** FG - 10

Übernachtungsplatz am Sportgelände mit Randbäumen in ruhiger und schöner Lage.

Bei Anfahrt aus dem Süden von der N313 im Kreisel Richtung Aalten/Dinxperlo abbiegen und nach 100 m rechts fahren (**Bocholtsestraatweg 67**). Noch 300 m bis zum Platz rechts.
Koordinaten: 51° 54,77' Nord, 6° 35,03' Ost.

Häuser am Platz.
Ver- und Entsorgung Parkplatz De Pol in Aalten.
Ganzjährig zugänglich.
Aufenthaltsdauer 24 Stunden.
Wanderungen und Radtouren im Gelderland.
Fahrt nach Arnhem.
Fahrt nach Deutschland.
Ausflug zum Naational Park Veluwezoom.
Ebene, gepflasterte Stellflächen für 10 Wohnmobile.
für 3 Mobile ausgewiesen.
Keine Stellplatzgebühr.
Informationen: Gemeente Aalten Tel. 0031-543-475455.
Internet: www.aalten.nl.

De Heurne (Gelderland) Veenweg *** FG - 11

Übernachtungsplatz im Grünen in sehr ruhiger und schöner Lage.

Von De Heurne Richtung Aalten fahren (Heurnseweg) und 800 m nach dem Ortsende links dem Wohnmobil-Symbol folgen (**Veenweg**). Noch 1 km bis zur Zufahrt rechts. Noch 100 m.
Koordinaten: 51° 54,51' Nord, 6° 30,35' Ost.

Einsame Lage.
Bänke und Tische am Platz.
Ver- und Entsorgung Tankstelle Wikkering in Dinxperlo.
Ganzjährig zugänglich.
Aufenthaltsdauer 24 Stunden.
Für große Wohnmobile nicht geeignet.
Wanderungen und Radtouren im Grenzgebiet.
Fahrt nach Arnhem.
Ausflug nach Deutschland.
Unbefestigtes Wiesengelände für 3 Wohnmobile.
Keine Stellplatzgebühr.
Informationen: Gemeente Aalten Tel. 0031-543-475455.
Internet: www.aalten.nl.

De Heurne (Gelderland) Ortsparkplatz ** FG - 12

Übernachtungsplatz im Ort in ruhiger Lage.

Von der Straße Dinxperlo-Aalten Richtung De Heurne abbiegen und nach 2,1 km - 400 m nach dem Ortsanfang - rechts Richtung Aalten fahren. Noch 200 m bis zum Platz links (**Varrsefeldseweg**). Bei Anfahrt von Aalten 700 m nach dem Ortsanfang rechts zum Platz abbiegen.
Koordinaten: 51° 53,37' Nord, 6° 29,41' Ost.

Häuser am Platz.
Ver- und Entsorgung
Tankstelle Wikkering in Dinxperlo.
Ganzjährig zugänglich.
Aufenthaltsdauer 24 Stunden.
Für sehr große Wohnmobile nicht geeignet.
5 min Fußweg zur Ortsmitte.
Wanderungen und Radtouren im Grenzgebiet.
Fahrt nach Arnhem.
Ausflug nach Deutschland.
Ebene, gepflasterte Stellflächen für 3 Wohnmobile.
Keine Stellplatzgebühr.
Informationen: Gemeente Aalten Tel. 0031-543-475455.
Internet: www.aalten.nl.

Dinxperlo (Gelderland) Welinkbos *** FG - 13

Übernachtungsplatz an einem kleinen Waldstück in sehr ruhiger und schöner Lage.

Von Aalten Richtung Dinxperlo fahren (**Aaltenseweg**) und 300 m nach dem Ortsanfang rechts dem Wohnmobil-Symbol folgen. Noch 100 m.
Koordinaten: 51° 55,07' Nord, 6° 29,79' Ost.

Häuser am Platz.
Ver- und Entsorgung Tankstelle Wikkering, Anholtseweg 30.
Bänke am Platz.
Ganzjährig zugänglich.
Aufenthaltsdauer 24 Stunden.
Wanderungen und Radtouren im Grenzgebiet.
Fahrt nach Arnheim.
Ausflug nach Deutschland.
Ebene, gepflasterte Stellflächen für 5 Wohnmobile.
Keine Stellplatzgebühr.
Informationen: Gemeente Aalten Tel. 0031-543-475455.
Internet: www.aalten.nl.

Dinxperlo (Gelderland) Sportcomplex 't Welink *** FG - 14

Übernachtungsplatz mit einzelnen Bäumen am Sportgelände in sehr ruhiger und schöner Lage.
Von Aalten Richtung Dinxperlo fahren (Aaltenseweg) und 400 m nach dem Ortsanfang links dem Wohnmobil-Symbol folgen (**Europastraat**). Noch 600 m bis zum Platz links.
Koordinaten: 51° 51,81' Nord, 6° 29,92' Ost.

Gaststätte und Häuser am Platz.
Ver- und Entsorgung Tankstelle Wikkering, Anholtseweg 30.
Sportgelände am Platz.
Ganzjährig zugänglich.
Aufenthaltsdauer 24 Stunden.
15 min Fußweg zur Ortsmitte.
Wanderungen und Radtouren im Grenzgebiet.
Fahrt nach Arnheim.
Ausflug nach Deutschland.
Ebene, gepflasterte Stellflächen für 4 Wohnmobile.
Keine Stellplatzgebühr.
Informationen: Gemeente Aalten Tel. 0031-543-475455.
Internet: www.aalten.nl.

Am Ijsselmeer und in alten Moorgebieten
Overijssel und Drenthe
Tour 11

Es gibt viel Abwechslung in diesem Landstrich. Auf dem Ijsselmeer, den vielen Seen, Kanälen und Flüssen kann man herrlich surfen, segeln, rudern, im Motorboot fahren oder eine Rundtour mit dem Ausflugsschiff unternehmen. An der Küste, im Binnenland und in den Moorgebieten der Provinz Drenthe hat man bei Wanderungen und Radtouren schöne Landschaftserlebnisse. Viele historische Grabanlagen aus vor- und nachchristlicher Zeit sind in den dieser Gegend zu besichtigen.

Am Moormuseum Veenpark

Am Veenpark, ein Museum über Moore und Torfgewinnung, haben wir in einer ruhigen und reizvollen Umgebung übernachtet (**OD-1**). Informationen über die bis zu 5000 Jahre alten Hünengräber haben wir im Nationaal Hunebed Informatie Centrum erhalten. Die großen Steine in den Mooren, die auch für die Grabanlagen verwendet wurden, transportierten die Gletscher in der Eiszeit aus Skandinavien bis hierher.

In Emmen dürfen wir unsere Landjacht auf dem sehr großen Parkplatz in der Nähe der Ortsmitte abstellen (**OD-2**). Hier findet man immer einen freien Platz abseits vom Hauptverkehr. Emmen war früher das Zentrum des Torfabbaus, heute hat sich aus dem ländlichen Ort eine moderne Industriestadt entwickelt.

Wir suchen unseren Schlafplatz am Sportplatz ‘t Noord in Hoogeveen (**OD-3**). Nichts stört unsere Nachtruhe in dieser waldreichen Umgebung.

Am nächsten Tag fahren wir nach Giethoorn, ein Ort zwischen Flüssen, Kanälen und Seen. Auch hier finden wir einen sehr ruhigen und schön gelegenen Stellplatz am Jachthafen De Zuidercluft (**OD-4**). Mit dem Stechkahn lassen wir uns durch die alten Moorgebiete fahren. Dann mieten wir uns ein kleines Motorboot und erkunden die urtümliche Wasserlandschaft auf eigene Faust. Im Sommer bevölkern viele Touristenscharen die zahlreichen Häfen und Wasserstraßen in und um Giethoorn.

Am breiten Fluss Zwarte Water liegt Zwartluis. Leider grenzt der gut angelegte Platz an eine Durchgangstraße und gewährleistet deshalb keine Nachtruhe (**OD-5**). Wir bummeln durch den Ort und fahren danach zurück nach Giethoorn.

Overijssel und Drenthe Uns reizt die Aussage eines Wohnmobilurlaubers: “Fahren Sie nach Urk, ins schönste Fischerdorf der Niederlande”. Er sollte recht behalten. In diesem urgemütlichen Fischerdorf fühlen wir uns so richtig wohl. Der malerische Hafen mit seiner Filmkulisse aus alten Backsteinhäusern, bunten Kuttern, alten Frachtkähnen, großen Segelschiffen und viel Wasser strahlt große Anziehungskraft aus. Und mittendrin, unmittelbar am Kai wurden Stellplätze mit Stromversorgung und Ver- und Entsorgungsmöglichkeiten eingerichtet (**OD-6**). Sehenswert ist auch der alte Ortskern neben den Hafenanlagen mit einem eindrucksvollen Denkmal für die Fischer, die sich der blanke Hans geholt hat und die von ihrer Fahrt nach einem Sturm nicht mehr zurückgekehrt sind.

Wir erstehen als Souvenir ein paar Klompen, Holzschuhe, hergestellt in Urk und nicht wie die vielen Windmühlen in Ostasien gefertigt. Auch heute noch tragen traditionsbewußte holländische Bauern bei der Hofarbeit ihre Klompen. Gute Fischlokale mit fantastischen Ausblicken auf die Lichter der Boote und der Hafenanlagen verlocken uns am Abend zur Einkehr . Gern wären wir noch länger in Urk geblieben, aber leider dürfen wir am Kai nur 24 Stunden bleiben.

Gegenüber von Urk am westlichen Ufer des Isselmeeres liegt Enkhuizen, ein romantischer Hafen mit historischen Häusern und alten Speichern. Auf modernen oder renovierten, alten Schiffen werden Rundfahrten und Segeltörns auf dem Ijsselmeer und zu den westfriesischen Inseln angeboten. Für die mehrtägigen Fahrten ist die Buchung von Kojen notwendig. Im Zuiderzeemuseum wird die Entwicklung der Zuiderzee in den letzten Jahrhunderten dargestellt. Landgewinnung und Landverlust haben das Gesicht dieser Meeresbucht immer wieder verändert.

In Heerenveen schließen wir unsere Tour durch die Provinzen Drenthe und Overijssel ab. In der Stadt findet man zwei Stellplätze (**OD-7** und **OD-8**). Beide eignen sich für eine Übernachtung. Von hier aus starten wir unsere letzte Tour durch den äußersten Norden der Niederlande, durch Friesland.

Stellplatz am Hafen von Urk

Tour 11

Overijssel und Drenthe

Tour 11: **Overijssel und Drenthe**

Nr.	Ort, Bezeichnung	Stell-plätze	Gast-haus	Häu-ser	WC	Bad See	Orts-nähe	Ent-sorg.	Park-dauer	Park-gebühr
		A					B		C	D
OD-1	Barger Compascuum, Veenpark ***	20	+	-	+	-	x	+	3	8.70
OD-2	Emmen, Parkeerplaats Oost **	100	+	+	-	-	8	-	3	0
OD-3	Hoogeveen, 't Noord ***	20	+	-	-	-	x	-	3	0
OD-4	Giethoor, De Zuidercluft ***	30	-	+	+	-	12	+	1	5
OD-5	Zwartluis, Sportplatz DESZ *	5	-	+	-	-	12	-	1	8
OD-6	Urk, Hafenkai ***	5	+	+	+	-	5	-	1	5-10
OD-7	Herenveen, de Koningshof **	10	+	-	-	-	x	-	1	0
OD-8	Heerenveen, Ijsstadion ***	50	-	+	-	-	x	-	1	0

<u>Legende</u>

****	sehr ruhige und sehr schöne Lage.
***	sehr ruhige und schöne Lage.
**	ruhige und gute Lage.
*	keine ruhige Lage.
A	Stellplätze gestaffelt nach 3, 5, 10, 20, 30, 50 Wohnmobilen. Dabei wird angenommen, dass nur die Hälfte des Platzes zur Verfügung steht und die andere Hälfte durch PKW belegt ist.
B	Fußweg in Minuten, x über 15 min Fußweg.
C	Aufenthaltsdauer in Tagen.
D	Stellplatzgebühr in Euro pro Wohnmobil und 24 Stunden oder Parkgebühr.
P	Parkgebühr in der Saison.
T	Aufenthaltsdauer einige Tage.
U	Aufenthaltsdauer unbegrenzt.

Parkplatz (gelb) — Wohnmobil-Stellplatz (grün)

Barger Compascuum (Drenthe) Veenpark *** OD - 1

Wohnmobilpark am Veenpark mit Bäumen am Rand in sehr ruhiger und schöner Lage.

Bei Anfahrt aus Deutschland oder von Emmen von der N37 Richtung Barger Compascuum abbiegen und nach 2,8 km - 500 m nach dem Ortsanfang - links Richtung Veenpark abbiegen. Nach 1,1 km wird die Zufahrt rechts erreicht (**Berkenrode 4**). Zu den Parkplätzen links abbiegen und nach 200 m rechts auf den Camper-Platz fahren.
Koordinaten: 52° 45,31' Nord, 7° 1,43' Ost.

Restaurant am Platz.
WC und Abfallbehälter am Platz.
Stromversorgung möglich.
Ver- und Entsorgung an der Reception.
Aufenthaltsdauer 72 Stunden.
Ganzjährig zugänglich.
Besichtigung des Veenparks:
Torfabbau, Torfbahn, Entwässerung.
Wanderungen und Radtouren im Drenther Land.
Besichtigung von Emmen: Noorder Dierenpark,
Schmetterlingsgarten, Hünengräber.
Fahrt ins Emsland.
Ebene Stellflächen auf Wiesengelände für 20 Mobile.
Bei starken Regenfällen aufgeweicht.
Stellmöglichkeiten auf den gepflasterten Parkwegen.
Stellplatzgebühr: 8,70 € für 24 Stunden einschl. Strom.
Beim Besuch des Veenenparks 2 Übernachtungen gratis.
Informationen: Tel. 0031-591-324444.

Emmen (Drenthe) Parkeerplaats Oost ** OD - 2

Wohnmobilplätze auf einem Großparkplatz mit Bäumen am Rand in ruhiger und guter Lage.

Von der Ausfahrt Emmen (3/4) der A37 Richtung Emmen fahren (N34) und nach 5 km rechts Richtung Emmen-Zuid abbiegen. Nach 700 m links Richtung Stadion abbiegen. Nach weiteren 3,8 km - 2 km nach dem Ortsanfang - links Richtung Centrum abbiegen (Wilhelminastraat). Nach 500 m rechts in die **Kerkhoflaan** einbiegen. Nach 400 m rechts dem Parkplatzschild Busse folgen. Noch 100 m bis zu den Wohnmobilplätzen rechts.
Koordinaten: 52° 46,87' Nord, 6° 54,20' Ost.

Hotel und Restaurant am Platz.
Häuser und Tankstelle am Platz.
Müllbehälter am Platz.
Aufenthaltsdauer 72 Stunden.
Ganzjährig zugänglich.
8 min Fußweg zur Stadtmitte.
Besuch des Noorder Dierenparks (900 m).
18 min Fußweg zum Tierpark.
Wanderungen und Radtouren im Drenther Land.
Ausflug zum Naturpark Dwingelderveld.
Besichtigung von Emmen: Noorder Dierenpark,
Schmetterlingsgarten, Hünengräber.
Fahrt nach Groningen.
Ebene, befestigte und unbefestigte Stellflächen für 10 Mobile.
100 Plätze auf dem Großparkplatz möglich (Pflaster).
Hintere Plätze auf dem Großparkplatz ruhiger.
Keine Stellplatzgebühr.

Hoogeveen (Drenthe) Sportcentrum 't Noord *** OD - 3

Wohnmobilplatzplatz mit einzelnen Bäumen und Bäumen am Rand in sehr ruhiger und schöner Lage.

Von der Ausfahrt Hoogeveen-Noord (27) der A28 Richtung Hoogeveen fahren und nach 4 km - 3,8 km nach dem Ortsanfang - rechts Richtung 't Noord (kleines, gelbes Schild) abbiegen (De Vos Van Steenwijklaan). Nach 100 m rechts Richtung 't Noord abbiegen (**Terpweg**). Noch 100 m bis zum Platz.
Koordinaten: 52° 43,59' Nord, 6° 30,02' Ost.

Gaststätte am Platz.
Sport- und Recreatiecentrum am Platz.
Aufenthaltsdauer 72 Stunden.
Ganzjährig zugänglich.
Wanderungen und Radtouren im Drenther Land.
Ausflug zum Naturpark Dwingelderveld.
Besichtigung von Assen: Grünanlagen, Moorleichen-Museum, Draaiorgelmuseum, Drents Museum.
Besichtigung von Groningen: Grote Markt, Martinikerk, Grachten, Martinitoren, Station, Groninger Museum, Noordelijk Scheepvaartmuseum, Tabakmuseum.
Besichtigung von Emmen: Noorder Dierenpark, Schmetterlingsgarten, Hünengräber.
Ebene, gepflasterte Stellflächen für 20 Mobile. Für 3 Mobile ausgewiesen.
Keine Stellplatzgebühr.
Informationen: Tel. 0031-592-366911.

Giethoorn (Overijssel) Jachthaven De Zuidercluft *** OD - 4

Wohnmobilplatz am Jachthaven in sehr ruhiger und schöner Lage.

Bei Anfahrt aus dem Süden von Zwolle von der N334 2 km nach dem Ortsanfang links abbiegen und über die Brücke fahren (Cornelis). Nach 200 m links in den Jonenweg abbiegen. Nach 300 m nach der Brücke rechts fahren und links abbiegen. Noch 100 m bis zum Platz Campterterrein (**Jonenweg 1g**).
Koordinaten: 52° 43,37' Nord, 6° 4,53' Ost.

Häuser am Platz.
Ver- und Entsorgung möglich.
WC und Dusche in der Nähe. Gebühr: 0,50 €.
Stromanschlüsse vorhanden. Gebühr 0,50 € für 2 kwh.
Aufenthaltsdauer 24 Stunden.
Ganzjährig zugänglich.
12 min Fußweg zur Ortsmitte.
Besichtigung von Giethoorn: Moordorf, Seen, Kanäle, Stechboote, Torfkähne.
Wanderungen und Radtouren im Drenther Land.
Besichtigung von Urk: Malerischer Hafen, Krabbenkutter, Fischer-Gedenkstein.
Besichtigung von Zwolle: Onze Lieve Vrouwekerk, Stadtgraben, Stadtmauern, Sassenpoort, Speicher, Handelshäuser.
Besichtigung von Kampen: Mittelalterliche Wehranlagen, Stadttore, Herrenhäuser, Tabakmuseum.
Stellflächen auf Wiese für 30 Mobile.
Stellplatzgebühr: 5 € für 24 Stunden.
Informationen: Tel. 0031-521-362312.

Zwartluis (Overijssel) Sportplatz DESZ * OD - 5

Übernachtungsplätze am Fußballplatz.

Bei Anfahrt von Zwolle von der N331 im Kreisel halblinks Richtung Zwartluis abbiegen. Nach 900 m - 700 m nach dem Ortsanfang - rechts Richtung Giethoorn abbiegen (Provinciale Weg). Nach 1 km im Kreisel links abbiegen und nach 100 m rechts Richtung voetbalclub DESZ fahren (**Cingellanden**). Noch 100 m bis zu den Plätzen rechts. Bei Anfahrt von Giethoorn 100 m nach dem Ortsanfang rechts fahren. Dann wie oben.
Koordinaten: 52° 38,66' Nord, 6° 4,70' Ost.

Blick auf einen Teich.
Häuser am Platz.
Skateboardanlage am Platz.
Für sehr großen Mobile nicht geeignet.
Verkehrsbelästigung durch Straße.
Aufenthaltsdauer 24 Stunden.
12 min Fußweg zur Ortsmitte.
Ganzjährig zugänglich.
Besichtigung von Giethoorn: Moordorf, Seen, Kanäle, Stechboote, Torfkähne.
Besichtigung von Urk: Malerischer Hafen, Krabbenkutter, Fischer-Gedenkstein.
Besichtigung von Zwolle: Onze Lieve Vrouwekerk, Stadtgraben, Stadtmauern, Sassenpoort, Speicher, Handelshäuser.
Besichtigung von Kampen: Mittelalterliche Wehranlagen, Stadttore, Herrenhäuser, Tabakmuseum.
Ebene, befestigte Stellflächen für 5 Mobile.
Stellplatzgebühr: 8 € für 24 Stunden.

Urk (Overijssel) Hafenkai *** OD - 6

Wohnmobilplätze am Kai in ruhiger und sehr schöner Lage.

Von der Ausfahrt Emmeloord (14) der A6 Richtung Urk fahren(N352) und nach 5,7 km - 600 m nach dem Ortsanfang - im Kreisel links Richtung Haven abbiegen (Cliftweg). Nach 200 m halblinks fahren. Noch 200 m bis zu den Plätzen am Kai (**Schipperskade**).
Koordinaten: 52° 39,59' Nord, 5° 35,91' Ost.

Blick auf den Hafen und das Markermeer.
Gaststätte und Häuser am Platz.
Stromanschlüsse vorhanden.
WC und Dusche am Platz.
Aufenthaltsdauer 24 Stunden.
Ganzjährig zugänglich.
5 min Fußweg zur Ortsmitte.
Besichtigung von Urk: Malerischer Hafen, Krabbenkutter, Fischer-Gedenkstein.
Wanderungen und Radtouren am Markermeer.
Besichtigung von Giethoorn: Moordorf, Seen, Kanäle, Stechboote, Torfkähne.
Besichtigung von Zwolle: Onze Lieve Vrouwekerk, Stadtgraben, Stadtmauern, Sassenpoort, Speicher, Handelshäuser.
Besichtigung von Kampen: Mittelalterliche Wehranlagen, Stadttore, Herrenhäuser, Tabakmuseum.
Ebene, befestigte Stellflächen für 5 Mobile.
Stellplatzgebühr: 1 € je Meter Länge für 24 Stunden

Heerenveen (Drenthe) de Koningshof ** OD - 7

Übernachtungsplatz mit Randbäumen am Restaurant de Koninghof in ruhiger und schöner Lage.

Von der Ausfahrt Heerenveen-Oranjewoud (11) der A32 bei Anfahrt aus dem Norden geradeaus in den **Prinsenweg** fahren. Bei Anfahrt aus dem Süden 100 m nach der Autobahn-Unterführung links in den Prinsenweg abbiegen. Nach 500 m wird der Platz hinter dem Koningshof erreicht.
Koordinaten: 52° 56,90' Nord, 5° 56,67' Ost.

Gaststätte am Platz.
Aufenthaltsdauer 24 Stunden.
Ganzjährig zugänglich.
Wanderungen und Radtouren in Friesland.
Besichtigung von Groningen: Grote Markt, Martinikerk, Grachten, Martinitoren, Station, Groninger Museum, Noordelijk Scheepvaartmuseum, Tabakmuseum.
Besichtigung von Assen: Grünanlagen, Moorleichen-Museum, Draaiorgelmuseum, Drents Museum.
Ebene, asphaltierte Stellflächen für 10 Mobile.
Kein Wohnmobil-Schild.
Keine Stellplatzgebühr. Einkehr erwünscht.
Infomationen: Tel. 0031-513-636136.
Internet: www.dekoningshof.nl.

Heerenveen (Drenthe) Thialf Ijsstadion *** OD - 8

Übernachtungsplatz am Eisstadion in sehr ruhiger und schöner Lage.

Von der Ausfahrt Heerenveen-Oranjewoud (11) der A32 Richtung Heerenveen-Oranjewoud fahren (N924) und nach 600 m im Kreisel links Richtung Oudeschot fahren. Nach 900 m rechts in die Amelandlaan abbiegen. Nach 200 m links in die **Pim Mulierlaan** fahren. Noch 100 m bis zum Parkplatz Thialf rechts.
Koordinaten: 52° 56,42' Nord, 5° 56,52' Ost.

Häuser am Platz.
Eisstadion am Platz.
Aufenthaltsdauer 24 Stunden.
Ganzjährig zugänglich.
Besichtigung von Groningen: Grote Markt, Martinikerk, Grachten, Martinitoren, Station, Groninger Museum, Noordelijk Scheepvaartmuseum, Tabakmuseum.
Besichtigung von Assen: Grünanlagen, Moorleichen-Museum, Draaiorgelmuseum, Drents Museum.
Wanderungen und Radtouren in Drenthe und Friesland.
Ebene, befestigte Stellflächen für 50 Mobile.
Kein Wohnmobil-Schild.
Keine Stellplatzgebühr.

Wind und Wasser

Friesland und die Provinz Groningen

Tour 12

Über den Abschlussdeich gelangen wir nach Friesland. Das Meer, viele Seen, Kanäle, Flüsse, Kühe und strohgedeckte Bauernhäuser bestimmen das Landschaftsbild. Die Friesen haben sich eine eigenständige Kultur und Sprache bewahrt. Die Ortsschilder sind zweisprachig. Fast eine halbe Million Menschen sprechen "Frysk" (Friesisch).

Wir haben am Jachthafen in Burgum neben den Jachten übernachtet (**FL-1**). Stromversorgung, Ver- und Entsorgungsmöglichkeiten, sanitäre Anlagen, alles ist an diesem Platz vorhanden. Der Kanal und der Bergumer See locken mit Bootstouren und Wassersport. Leider dürfen wir an diesem schönen Platz nur eine Nacht bleiben.

Wir besichtigen am nächsten Tag die Hauptstadt der Provinz Friesland Leeuwarden, auf friesisch Ljouwert. Grachten und historische Häuser bestimmen das Stadtbild. Besonders interessant ist der historische Viehmarkt. Die prächtigen schwarz-weißen Kühe, Schafe und Schweine aus dem ganzen Lande weschseln hier ihren Besitzer. Sehenswert ist das Wahrzeichen von Leeuwarden, "Us Mem", eine einducksvolle Mutterkuh. Im Fries Museum besichtigen wir archäologische Funde und Gegenständen aus Friesland.

Wir übernachten nahe der Küste in Hogebeintum am Besucherzentrum des niederländischen Wattenmeeres in einer ruhigen Umgebung (**FL-2**). Eine andere ruhige, gute Übernachtungsmöglichkeit entdecken wir am Dorfhaus in dem kleinen Ort Lutjegast (**FL-3**).

Unsere Reiseroute führt uns nach Groningen, der bedeutendsten und interessantesten Stadt in Nordholland. Ein guter und ruhiger Platz für die Besichtigung und Übernachtung ist der riesige

Stellplatz am Jachthafen von Burgum

Friesland Parkplatz am Freizeitzentrum Kardinge (**FL-4**). Auf unserem Park- und Schlafplatz beeindruckt uns der “Schiefe Turm”, der von allen Seiten einen anderen Eindruck hinterläßt und eigentlich umfallen müsste.

Der Schnellbus bringt uns auf einer eigenen Fahrspur in kürzester Zeit ins Stadtzentrum zu allen Sehenswürdigkeiten. Wir besichtigen die gotische Martinikerk aus dem 13. Jahrhundert mit schönen Wandmalereien, das Rathaus, den 97 Meter hohen Martiniturm, der eine wunderschöne Aussicht bietet, den im Jugendstil errichteten Bahnhof von 1896 mit großen Friesenbildern und Holzskulpturen und das architektonisch hervorstechende moderne Gebäude der Gasunion aus dem Jahr 1994.

Im Osten von Groningen entdecken wir in Slochteren einen guten Platz, der zum längeren Aufenthalt einlädt, nach heftigen Regenfälle aber wegen der aufgeweichten Wiese nicht befahrbar ist (**FL-5**). In Zuidbroek kann am De Broekhof übernachtet werden (**FL-6**).

Wir besuchen Assen, eine Stadt mit vielen Parks und Grünanlagen. Am Industriehafen wurde ein Platz für Wohnmobile ausgewiesen (**FL-7**). Besondere Anziehungskraft übt das Drents Museum mit archäologischen Funden, mehreren Moorleichen und dem ältesten Boot der Welt, ein Einbaumkanu, auf die Besucher aus. Das Draaiorgelmuseum zeigt Drehorgeln und veranstaltet zweimal im Monat Drehorgelkonzerte.

Die schiefe Seite des Turms

Wir fahren wieder nach Osten Richtung Deutschland. In den Städten Stadskanaal am Sportpark Het Pagedal und in Musselkanaal am Spoordok finden wir gute Stellplätze (**FL-8** und **FL-9**). Auf dem vollständig ausgestatteten Platz am Hafen in Musselkanaal in einer sehr ruhigen und reizvollen Lage ist der Aufenthalt nicht begrenzt. Wir bleiben hier mehrere Tage, besuchen den Ort, wandern und radeln durch die flache friesische Landschaft, oft an breiten Kanälen entlang in alle Himmelsrichtungen. Andere Touristen erkunden die flache Landschaft auf Inline-Skatern. Wir mieten uns auch ein kleines Motorboot und erleben die Landschaft vom Wasser aus. Anderen, uns vom Stellplatz bekannten Wohnmobilurlauber begegnen wir auf den Kanälen und im Hafen mit ihrem eigenem Kanu, Faltboot oder Schlauchboot.

Die andere Seite des Turms

Unsere Tour durch die Niederlande endet hier auf diesem schönen Platz. Schnell sind wir am nächsten Tag im Emsland und fahren auf der deutschen Autobahn nach Süden.

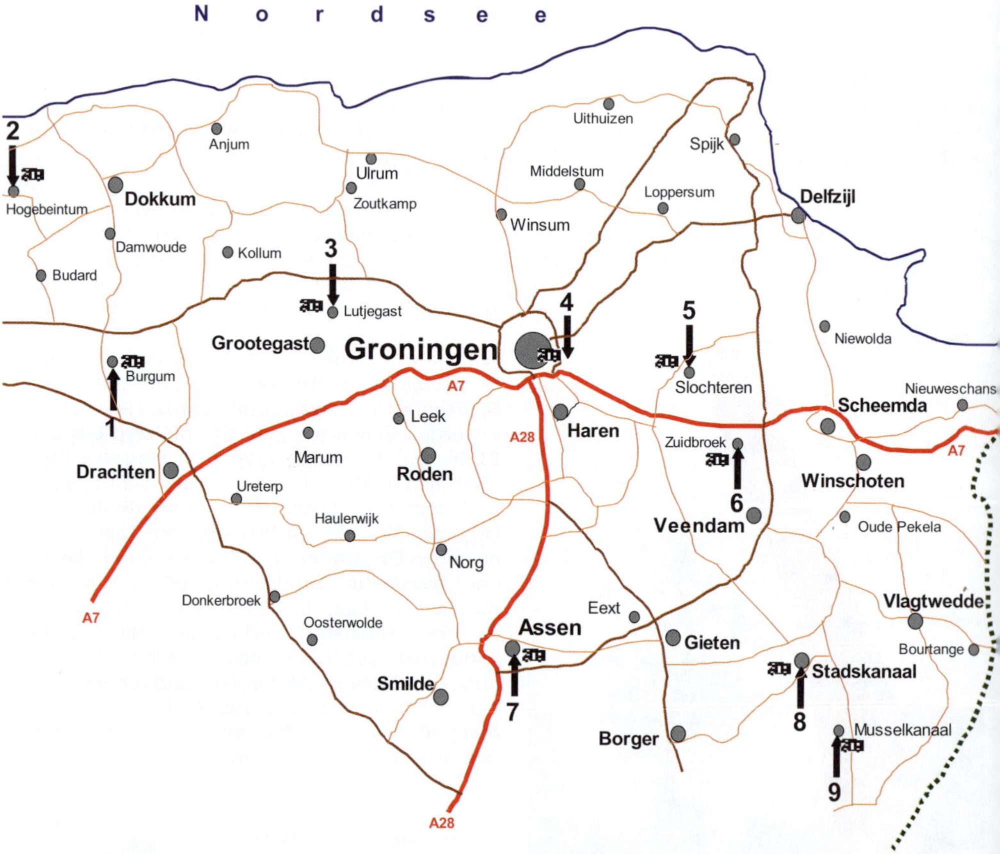

Tour 12

Friesland und die Provinz Groningen

Tour 12: **Friesland und Groningen**

Nr.	Ort, Bezeichnung	Stell-plätze	Gast-haus	Häu-ser	WC	Bad See	Orts-nähe	Ent-sorg.	Park-dauer	Park-gebühr
		A					B		C	D
FL-1	Burgum, Jachthaven ****	3	-	+	+	-	x	-	1	0
FL-2	Hogebeintum, Bezoekercentrum ***	3	-	+	-	-	5	-	2	0
FL-3	Lutjegast, Dorphuis ***	3	+	+	-	-	3	-	1	0
FL-4	Groningen, Kardinge ***	50	+	-	-	+	x	-	1	0
FL-5	Slochteren, Duurswolde ***	5	-	+	-	-	x	+	T	5
FL-6	Zuidbroek, De Broekhof **	3	+	+	+	-	8	-	2	0
FL-7	Assen, Hobikenstraat *	5	-	+	-	-	x	-	3	0
FL-8	Stadskanaal, Het Pagedal ***	5	-	-	-	-	x	-	1	0
FL-9	Musselkanaal, Spoordok ****	20	+	+	+	-	10	+	U	5

Legende

****	sehr ruhige und sehr schöne Lage.
***	sehr ruhige und schöne Lage.
**	ruhige und gute Lage.
*	keine ruhige Lage.
A	Stellplätze gestaffelt nach 3, 5, 10, 20, 30, 50 Wohnmobilen. Dabei wird angenommen, dass nur die Hälfte des Platzes zur Verfügung steht und die andere Hälfte durch PKW belegt ist.
B	Fußweg in Minuten, x über 15 min Fußweg.
C	Aufenthaltsdauer in Tagen.
D	Stellplatzgebühr in Euro pro Wohnmobil und 24 Stunden oder Parkgebühr.
P	Parkgebühr in der Saison.
T	Aufenthaltsdauer einige Tage.
U	Aufenthaltsdauer unbegrenzt.

Parkplatz (gelb) Wohnmobil-Stellplatz (grün)

Burgum (Friesland) Jachthaven **** FL - 1

Wohnmobilplatz am Jachthafen in sehr ruhiger und sehr schöner Lage.

Von der N355 (Leeuwarden-Groningen) Richtung Burgum abbiegen (N356). Nach 3,3 km - 1,7 km nach dem Ortsanfang - links Richtung Industriegebiet Noord abbiegen (Raadhuisweg). Nach 200 m rechts in den Bergumerdam einbiegen und nach weiteren 200 m links dem Wohnmobil-Symbol folgen (**Bergumerdaam 51**). Noch 100 m bis zu den Plätzen. Koordinaten: 53° 11,22 Nord, 5° 59,57' Ost.

Blick auf den Jachthafen.
Häuser am Platz.
Stromanschluss möglich. Gebühr 0,75 €.
WC und Duschen in der Nähe. Gebühr 0,50 €.
Aufenthaltsdauer 24 Stunden.
Ganzjährig zugänglich.
Große Mobile vor der Zufahrt auf dem Ausweichplatz.
Jachthafen am Platz.
Motorboottouren.
Minigolf am Platz.
Besichtigung von Leeuwarden: Grachten, Historische Häuser, Veemarkt, Us Mem.
Wanderungen und Radtouren in Friesland.
Fahrt nach Groningen.
Ebene, gepflasterte Stellflächen für 3 Mobile.
Pfähle vor dem Platz. Von Hand zu entfernen.
Keine Stellplatzgebühr.
Ausweichparkplatz für 10 Mobile vor der Zufahrt.
Informationen: Tel. 0031-511-465556.

Hogebeintum (Friesland) Bezoekercentrum *** FL - 2

Übernachtungsplatz am Besuchszentrum in sehr ruhiger und schöner Lage.

Von der N357 (Leeuwarden-Ferwert) bei Anfahrt von Leeuwarden Richtung Ferwert abbiegen und nach 700 m rechts Richtung Hogebeintum fahren. Nach 1 km rechts Richtung Hogebeintum abbiegen und nach weiteren 1,1 km links dem Wegweiser P Bezoekercentrum folgen (**Pypkedyk**). Noch 300 m bis zum Platz links. Koordinaten: 53° 20,16' Nord, 5° 51,14' Ost.

Häuser am Platz.
Besucherzentrum am Platz.
Aufenthaltsdauer 48 Stunden.
Ganzjährig zugänglich.
Für große Mobile nicht geeignet
Besichtigung von Leeuwarden: Grachten, Historische Häuser, Veemarkt, Us Mem.
Wanderungen und Radtouren in Friesland.
Fahrt nach Groningen.
Ebene, gepflasterte Stellflächen für 3 Mobile.
Kein Wohnmobil-Schild.
Keine Stellplatzgebühr.
Ausweichparkplatz 300 m vorher.
Internet: www.ferwerderadiel.nl.

Lutjegast (Friesland) Dorphuis 't Kompas *** FL - 3

Übernachtungsplätze am Dorfgemeinschaftshaus in sehr ruhiger und schöner Lage.

Bei Anfahrt aus dem Norden 800 m nach der Kanalbrücke - 100 m nach dem Ortsanfang links - fahren. Nach 300 m rechts dem P-Schild folgen. Noch 100 m (**Kompasstraat 1**). Bei Anfahrt aus dem Osten von der N388 Richtung Lutjegast abbiegen und 1 km nach dem Ortsanfang links dem P-Schild folgen. Koordinaten: 53° 14,10' Nord, 6° 15,56' Ost.

Gaststätte in der Nähe.
Häuser am Platz.
Abfallbehälter am Platz.
Aufenthaltsdauer 24 Stunden.
Ganzjährig zugänglich.
Wanderungen und Radtouren in Friesland und am Prinses Magriet Kanaal.
Besichtigung von Groningen: Grote Markt, Martinikerk, Grachten, Martinitoren, Station, Groninger Museum, Noordelijk Scheepvaartmuseum, Tabakmuseum.
Besichtigung von Leeuwarden: Grachten, Historische Häuser, Veemarkt, Us Mem.
Ebene, gepflasterte Stellflächen für 5 Mobile.
Kein Wohnmobil-Schild.
Keine Stellplatzgebühr.

Groningen (Groningen) Recreatiecentrum Kardinge *** FL - 4

Übernachtungsplätze mit Randbäumen auf einem P+R-Großparkplatz in sehr ruhiger und guter Lage.

Bei Anfahrt aus dem Westen am Ende der A7 geradeaus Richtung Centrum fahren (N7). Nach 1,6 km geradeaus Richtung Bredum fahren (N46) und nach weiteren 4,9 km rechts Richtung Kardinge abbiegen. Noch 200 m bis zum Platz (**Kardingerplein 1**). Zu den ruhigen Randplätzen 200 m weiter links fahren (**Bieskemaar**). Koordinaten: 53° 14,39' Nord, 6° 35,81' Ost.

Gaststätte am Platz.
Abfallbehälter am Platz.
Citybus-Haltestelle am Platz. Schnellbus zur Innenstadt.
Hallenbad am Platz.
Abenteuer-Spielgelände und Kinderparty-Haus am Platz.
Sportplätze und Skigelände am Platz.
Moderne Kunst mit "Schiefen Turm" am Platz.
Aufenthaltsdauer 24 Stunden.
Ganzjährig zugänglich.
Besichtigung von Groningen: Grote Markt, Martinikerk, Grachten, Martinitoren, Station, Groninger Museum, Noordelijk Scheepvaartmuseum, Tabakmuseum.
Besichtigung von Leeuwarden: Grachten, Historische Häuser, Veemarkt, Us Mem.
Fahrt nach Emden und Leer.
Wanderungen und Radtouren in Friesland.
Ebene, gepflasterte Stellflächen für 50 Mobile.
Kein Wohnmobil-Schild.
Keine Stellplatzgebühr.

Slochteren (Groningen) Camperplek Duurswolde *** FL - 5

Wohnmobilplatz in einer Grünanlage in sehr ruhiger und schöner Lage.

Von der Ausfahrt Hoogezant (41) der A7 Richtung Slochteren fahren (N387) und nach 4,9 km rechts Richtung Slochteren abbiegen. Nach 200 m rechts fahren und nach weiteren 300 m rechts abbiegen (Hoofdweg). Nach weiteren 600 m links in den **Edsersweg** abbiegen. Noch 100 m bis zum Platz rechts. Koordinaten: 53° 12,03' Nord, 6° 47,41' Ost.

Häuser am Platz.
Ver- und Entsorgung am Platz.
Stromanschluss möglich.
Bänke und Tische und Abfallbehälter am Platz.
Aufenthaltsdauer mehrere Tage.
Ganzjährig zugänglich.
8 min Fußweg zur Ortsmitte.
Wanderungen und Radtouren in Friesland.
Besichtigung der Burg Fraeylemaborg in Slochteren.
Besichtigung von Groningen: Grote Markt, Martinikerk, Grachten, Martinitoren, Station, Groninger Museum, Noordelijk Scheepvaartmuseum, Tabakmuseum.
Ausflug zur Emsmündung.
Fahrt nach Emden und Leer.
Ebene Stellflächen auf Wiese für 5 Mobile. Nach Regenfällen aufgeweichtes Gelände.
Stellplatzgebühr: 5 € für 24 Stunden.

Zuidbroek (Groningen) De Broekhof ** FL - 6

Übernachtungsplatz im Ort in ruhiger Lage.

Von der Ausfahrt Zuidbroek (43) der A7 Richtung Zuidbroek fahren (Kerkstraat) und nach 1 km rechts und nach 50 m wieder rechts abbiegen (Achter de Wal). Nach 100 m links in den **Scholtenweg** fahren. Noch 100 m bis zum Platz rechts. Koordinaten: 53° 9,69' Nord, 6° 51,63' Ost.

Gaststätte und Häuser am Platz.
Jachthafen in der Nähe.
Abfallbehälter am Platz.
WC und Dusche am Jachthafen. Münzautomat.
Aufenthaltsdauer 48 Stunden.
Ganzjährig zugänglich.
Wanderungen und Radtouren in Friesland.
Besichtigung der Burg Fraeylemaborg in Slochteren.
Besichtigung von Groningen: Grote Markt, Martinikerk, Grachten, Martinitoren, Station, Groninger Museum, Noordelijk Scheepvaartmuseum, Tabakmuseum.
Ausflug zur Emsmündung.
Fahrt nach Emden und Leer.
Ebene, gepflasterte Stellflächen für 3 Mobile.
Keine Stellplatzgebühr.

Assen (Friesland) Hobokenstraat * FL - 7

Übernachtungsplatz am Industrieviertel in guter Lage.

Von der N33 (Veendam-Assen) südöstlich von Assen Richtug Rolde abbiegen (N376) und dann Richtung Assen fahren. Nach 6,9 km - 1,9 km nach dem Ortsanfang - nach der Unterführung (3,90 m) rechts abbiegen (Veemarkt). Nach 200 m links Richtung Groningen fahren (Industrieweg). Nach weiteren 300 m rechts und gleich wieder links abbiegen. Nach 100 m rechts zum Parkplatz abbiegen (**Hobokenstraat**).
Koordinaten: 53° 0,03' Nord, 6° 34,32' Ost.

Blick auf Industriehafen.
Häuser am Platz.
Abfallbehälter am Platz.
Aufenthaltsdauer 72 Stunden.
Ganzjährig zugänglich.
Wanderungen und Radtouren in Friesland.
Besichtigung von Groningen: Grote Markt, Martinikerk, Grachten, Martinitoren, Station, Groninger Museum, Noordelijk Scheepvaartmuseum, Tabakmuseum.
Ausflug zum Dollard und zur Emsmündung.
Fahrt nach Emmen.
Ebene, gepflasterte Stellflächen für 5 Mobile. Breite Plätze an einer Nebenstraße.
Hintere, nicht gekenzeichneten Plätze am ruhigsten.
Keine Stellplatzgebühr.
Informationen: Tel. 0031-592-366911.

Stadskanaal (Groningen) Het Pagedal *** FL - 8

Übernachtungsplatz im Wald- und Sportgelände in sehr ruhiger und schöner Lage.

Von der N366 (Veendam-Stadskanaal) Richtung Onstwedde abbiegen, nach 300 m rechts abbiegen und über die Brücke fahren. Nach1,4 km links abbiegen (Marsbroek). Nach weiteren 1,3 km rechts abbiegen (**Sportlaan**). Noch 100 m bis zum Platz rechts.
Koordinaten: 52° 59,46' Nord, 6° 58,27' Ost.

Einsame Lage.
Abfallbehälter am Platz.
Tennisplätze und Sportplätze in der Nähe.
Aufenthaltsdauer 24 Stunden.
Ganzjährig zugänglich.
Wanderungen und Radtouren in Friesland.
Besichtigung von Stadskanaal.
Besichtigung von Groningen: Grote Markt, Martinikerk, Grachten, Martinitoren, Station, Groninger Museum, Noordelijk Scheepvaartmuseum, Tabakmuseum.
Ausflug zum Dollard.
Fahrt nach Emmen.
Ebene, gepflasterte Stellflächen für 5 Mobile.
Kein Wohnmobil-Schild.
Keine Stellplatzgebühr.

Musselkanaal (Groningen) Spoordok **** FL - 9

Wohnmobilpark am Ortsrand in sehr ruhiger und schöner Lage.

Von der Ausfahrt Musselkanaal der N366 (Stadskanaal-Deutsche Grenze) Richtung Musselkanaal abbiegen und nach 300 m rechts Richtung Musselkanaal fahren. Nach weiteren 1,6 km - 900 m nach dem Ortsanfang - rechts abbiegen (Marktstraat). Nach 500 m links dem Wohnmobil-Symbol (Stationstraat) und nach weiteren 200 m dem Symbol links folgen (**Havenkade**). Nach 300 m in den geschotterten Weg rechts fahren. Noch 200 m bis zum Platz.
Koordinaten: 52° 55,67' Nord, 7° 0,79' Ost.

Gaststätte in der Nähe.
Häuser am Platz.
Abfallbehälter am Platz.
Ver- und Entsorgung möglich.
WC und Dusche am Platz.
Aufenthaltsdauer nicht begrenzt.
1.04.-1.10. zugänglich.
Tor vor dem Platz außerhalb der Saison geschlossen.
Jachthafen in der Nähe.
Motorbootstouren.
10 min Fußweg zum Ortszentrum.
Wanderungen und Radtouren in Friesland.
Besichtigung von Groningen: Grote Markt, Martinikerk, Grachten, Martinitoren, Station, Groninger Museum, Noordelijk Scheepvaartmuseum, Tabakmuseum.
Fahrt nach Emmen
Ausflug ins Emsland.
Ebene, befestigte Stellflächen für 20 Mobile.
Stellplatzgebühr: 5 € für 24 Stunden

Am Stellplatz von Musselkanaal

Rote Liste

NL-Almelo	Jachthaven	Kleine Plattform. Durch Pkw belegt. Lärmbelästigung.
NL-Dinxperlo	Antholtsestraat	Lärmbelästigung durch verkehrsreiche Straße.
B-Heiderscheid	Fuussekaul	Aufenthalt nur 17-10.00 Uhr. Verkehrsreiche Straße.
NL-Heteren	Boterhoeksestaat	Minifläche. Unbefestigter Boden. Verkehrslärm.
B-Hotton	Grotten von Hotton	Schmale, unübersichtliche Zufahrt.
B-Hulshout	Sportcentrum	Verkehrsreiche Straße. Wenig Parkflächen.
B-Huy	Rue de la Paix	Campingplatz.
B-Genk	Vennestraat	Tankstelle. Lärmbelästigung durch Einkaufstraße.
NL-Goor	Station	Lärmbelästigung durch Züge und Straßenverkehr.
NL-Groesbeek	Rozenhof	Lärmbelästigung durch verkehrsreiche Hauptstraße.
B-Koningshooikt	Sander de Voss	Verkehrsreiche Straße. Lärmbelästigung.
B-Leopoldsburg	Ortszentrum	Verkehrsreiche Straßen. Zum Parken geeignet.
NL-Ramsdonksveer	Sportgelände	Lärmbelästigung durch verkehrsreiche Straße und Kreisel.
NL-Rhenen	't Viaduct	Lärmbelästigung durch verkehrsreiche Straße.
B-Schwebsange	Port de Plaisance	Abgeschrankter Campingplatz. Stellplätze innerhalb.
NL-Woudsend	De Rakken	Campingplatz. Stellplätze hinter der Schranke.

Falsch angelegter Stellplatz in Geertuidenberg

Stellplatzverzeichnis

Buchserie „Wohnmobil-Stellplätze”

Unentbehrliche Nachschlagewerke für alle Wohnmobiltouristen, die gern auf ruhig und schön gelegenen Stellplätzen übernachten.

Von den Gemeinden eingerichtete Plätze. Insidertipps. Alle Plätze selbst ausgesucht und angefahren. Gleichzeitig sind die Bücher Reiseberichte über europäische Ferienlandschaften.

Band 2: Wohnmobil-Stellplätze Deutschland

Über Autobahn leicht zu erreichen

Das Buch beschreibt 342 Stellplätze, die über Autobahnen leicht zu erreichen sind. 169 Wohnmobilplätze wurden von den Gemeindeverwaltungen eingerichtet. Sie sind nach den Autobahnnummern eingeteilt und leicht zu finden. Die Stellplätze sind aber nicht nur zur Übernachtung nach langer Autobahnfahrt geeignet, sie können auch für einen erholsamen Urlaub in Deutschland genutzt werden.

Euro 4,90 (**Restbestände**) 5. Auflage. ISBN 3-932538-09-9

Band 6: Wohnmobil-Stellplätze Österreich

Ferienlandschaften

Ein Buch über 200 freie Stellplätze in Österreich, die sich im Sommer hervorragend für einen Wanderurlaub, zum Surfen und Segeln, im Winter zum Skilaufen eignen. Wochenreisen führen durch Österreichs Ferienlandschaften: Vorarlberg, Montafon, Waldviertel, Innviertel, Mühlviertel, Wachau, Salzkammergut, Wien, Neusiedler See, Wiener Hausberge, Kitzbüheler Alpen, Hohe Tauern, Salzburg, Tennengebirge, Gasteiner Tal, Dachstein, Ennstaler Alpen, Hochschwab, Osttirol, Kreuzeckgruppe, Gailtaler Alpen, Kärntner Seen, Lavanttaler Alpen.

Euro 19,90 4. Auflage. ISBN 3-932538-23-4

Band 10: Wohnmobil-Stellplätze Frankreich

Atlantik - Mittelmeer - Elsass

In dem Buch werden freie Stellplätze an der Atlantik- und Mittelmeerküste sowie im Elsaß beschrieben. Viele Übernachtungsplätze wurden von den Gemeinden eingerichtet und liegen direkt am Meer, an einem See oder an einem Fluss und sind oft mit einer Ver- und Entsorgungsstation ausgerüstet und für Wohnmobile reserviert. Diese Plätze eignen sich hervorragend für einen längeren Strandurlaub. Gleichzeitig enthält das Buch Reiseberichte, Beschreibungen der Sehenswürdigkeiten und Hinweise auf landschaftlich reizvolle Gebiete.

Euro 23,40 4. Auflage. ISBN 3-932538-11-0

Band 11: Wohnmobil-Stellplätze Frankreich

Kanalküste - Normandie - Bretagne

In dem Buch werden freie Stellplätze im Norden Frankreichs, in der Normandie und in der Bretagne beschrieben. Viele Übernachtungsplätze wurden von den Gemeinden eingerichtet. Viele Stellplätze liegen direkt am Meer, an einem See oder an einem Fluss und sind oft mit einer Ver- und Entsorgungsstation ausgerüstet und für Wohnmobile reserviert. Diese Plätze eignen sich hervorragend für einen längeren Strandurlaub. Gleichzeitig enthält das Buch Beschreibungen der Sehenswürdigkeiten und Hinweise auf landschaftlich reizvolle Gebiete.

Euro 23,40 4. Auflage. ISBN 3-932538-12-9